律师和心理咨询师告诉你婚姻里的那点事儿

婚姻法律故事

李实忠 李小非 梁敏娜——著

写给所有在婚姻中
出现危机之人

中国法制出版社
CHINA LEGAL PUBLISHING HOUSE

作者简介

李实忠，资深专业家事律师，广东海际明律师事务所合伙人，广州市律师协会婚姻家庭法律业务专业委员会秘书长，广东省法学会婚姻法学会理事，广州市律师协会2018年度“优秀专业委员会委员”，中国人民大学心理学专业在职研究生。执业十多年，专攻家事法律领域，擅长利用法律技巧和心理学专业知识来帮助当事人解决问题。2017年，代理了“广州市中级人民法院第一次请心理咨询师介入的案件”，取得非常好的效果。

李小非，广东五美律师事务所主任，广州市律师协会婚姻家庭法律业务专业委员会主任，广东省妇联妇女维权专家顾问。执业二十年，擅长婚姻家庭、亲子关系、财产处置等领域的案件，在财富传承法律领域建树颇深，可为家族客户提供私人财富管理与传承法律服务，包括：家族顾问、财富传承方案设计与执行。

梁敏娜，毕业于北京大学，国家二级心理咨询师，国际叙事心理学认证心理咨询师，认知心理学认证心理咨询师，广州市第十三中学特聘心理咨询师，广州市知用中学特聘心理咨询师，广州朗程心理咨询有限公司特聘心理咨询师。擅长：抑郁症治疗、青少年个案辅导、婚姻家庭个案辅导、单亲家庭创伤疗愈个案辅导。

关莹，资深家事律师，广州市律师协会婚姻家庭法律业务专业委员会副秘书长，广东省律师协会青年律师工作委员会副秘书长。执业十几年，擅长婚姻家事纠纷处置、私人财富法律风险诊断与防范、婚前财产保护筹划、婚姻财富保护方案、家族财富传承筹划、家族企业股权纠纷处置，为跨国机构提供法律服务。

李柳红，毕业于北京大学，国家二级心理咨询师，国际认证鼓励咨询师，国际认证婚姻鼓励咨询师，美国认证正面管教家长讲师，美国认证正面管教学校讲师。

程远安，毕业于北京大学，国家二级心理咨询师，新加坡国家创新医学研究院理事，麦凯瑞培训师学院副院长。

张杰，毕业于北京师范大学，国家二级心理咨询师，绘画心理分析导师，525心理网心理咨询师。

黄夏思，中国靛蓝纪家道学院首届家庭成长导师，美国GTI总部认证P.E.T.父母效能训练讲师与青少年效能训练讲师。

前言
PREFACE

在明月高悬之际，我站在玻璃窗前，望向万家灯火，回想这些年，代理的离婚案子超过百件，见证了各种家事案件的处理过程，不禁感叹，如若每一个人、每一个家庭都像明月和灯火那样给人以温暖之意，我这位家事律师怕是要失业了。不过，哪怕接不到案子，我也盼望家家团圆，充满幸福与爱。但是，现实总是残酷的。在现实面前，我作为一名家事律师，希望能帮助到更多的人。

都说清官难断家务事，家事律师就是专门解决家事纠纷、办理家事案件的。家事纠纷，一般包括四类：离婚纠纷、三养（抚养、扶养、赡养）纠纷、家暴纠纷、继承纠纷。根据最高人民法院统计，离婚纠纷占家事纠纷总数的百分之八十以上。曾经亲密无间、耳鬓厮磨、恩恩爱爱、激情澎湃的一对对男女，在离婚时往往处于不正常状态：或打斗，或辱骂，或分居，或冷战，或举报，或暗算，或调查，甚至杀戮。曾经的爱人不是冷若冰霜，就是剑拔弩张……表面上看，离的是婚，抢的是娃，分的是财，争的是理，别的是情，伤的是心，实为不悟。

我在办理离婚案件时，发现当事人的心理会或多或少地出现一些问题，如焦虑、多疑、忧郁、困惑、伤心、激动、愤慨、绝望，等等。他们有时心平气和，有时亢奋异常，有时郁郁寡欢，有时烦躁不安，有时伤心欲绝，特别是女当事人，情绪化、感性化尤其明显。他们往往听不进专业律师提供的好建议，甚至断然拒绝律师所做的理性分析。他们常常喋喋不休、一味地指责对方的不是，坚称之所以离婚全都是对方的过错，自己一点问题都没有。他们非理性地站在道德制高点上批判对方，将本可以改过自新的对方推到绝境，把有可能破镜重圆的家庭彻底砸烂，以至于殃及无辜的孩子。

俗话说，一个巴掌拍不响，无风不起三尺浪。既然离婚了，肯定不全是一方的原因，双方多少都有问题。心理学上有观点认为，影响事物性质的是内归因，而不是外归因。这也就是哲学上所说的，内因是主要的，外因是次要的。这里的内因在离婚中起到了主要的作用。而内因，往往表现为当事人的心理问题。那么，为什么当事人会有心理问题？为什么会离婚？是因为婚姻不幸福造成伤害而产生了心理问题，还是心理问题长期积累得不到解决，影响了夫妻感情而导致离婚？

当把离婚搬到法庭上时，法官也只能解决离婚与否、孩子归谁、财产分割、债务承担的问题，但解决不了夫妻矛盾的起因，更解决不了当事人的心理问题。因此，我心中便有了结合多年办案经验，进一步学习和研究心理学的情结。我的领路人暨南大学法学院宋耀红教授在十几年前就提出，应该把婚姻法律和剖析人性的心理学结合起来研究。怀着这份初心，我迈进了心理学的领域，开始了家事法律与心理学的共同研究。经过几年的时间，我学到了很多，也悟到很多。于是，我想与两个家事律师以及几个实践经验非常丰富的心理学专家共同探索夫妻矛盾的起因，研究三个终极问题：想什么、为什么这么想、以后要干什么，最终将法律和心理学结合到一本书中。

说干就干！我们从曾经办过的几百个离婚案件中挑选出28个具有代表性的案子，用通俗易懂的语言分析晦涩的法律问题，解码男女玄奥的心理困惑……关于心理分析，学界有很多方法。中国人亲子关系的紧密性、相互影响性远高于西方等其他国家。结合中国国情，本书主要从原生家庭的角度进行心理分析，且仅是一家之言。

本书以法律故事的形式呈现，情节触动人心，可读性强，法律分析透彻到位，心理解答润物无声，相信一定能给读者带来启迪！

问题总会有，生活要继续，没有跨不过的坎！愿各位安好。

李实忠律师
2020年于广州

目录 CONTENTS

第四章 别拿爱的名义开玩笑

第五章 婚姻需要用心去经营

第六章 有爱才有家

第七章 家和才能万事兴

第八章 人生需要“断、舍、离”

第一章
爱是天意，更是担当

1

夫妻本应坦诚待，莫避现实生恶果

法律故事

“宝宝，宝宝，看妈妈，笑一个”，“哎哟，宝宝真乖”，电视里时不时传来小孩子咯咯咯的笑声和大人的赞美声。正在观看这档亲子类节目的人是李晓棠（化名），她面色惨白地躺在病床上，有气无力，看到电视里可爱的孩子，她的嘴角还是扬起了久违的笑容，而她的眼睛一片空洞，早已没有了往日的光芒。这时的李晓棠刚刚做完引产手术，痛失了自己还未出世的孩子。

时间回到2014年的一个大雪纷飞的夜晚，李晓棠通过朋友介绍认识了赵凯（化名）。赵凯高大的外形很快引起了李晓棠的注意，而赵凯也被李晓棠温婉的气质所吸引。两人互生好感，一个月后便确立了恋爱关系。

俗话说：“不以结婚为目的的谈恋爱，都是耍流氓。”李晓棠就是这么一个思想比较传统的女人，她选择开始一段感情就是奔着结婚生子去的。因此，她非常坦诚地告知男友自己患有地中海贫血（简称地贫），并且希望他也去医院检查是否同样患有地贫。因为，如果父母均患有地贫，生出来的小孩患有地贫的概率会非常高，而且极有可能是非常严重、足以致命的类型。这样，李晓棠不仅无法实现生养孩子的心愿，还可能面临分娩时因大出血而死亡的危险。

赵凯得知李晓棠的情况后，信誓旦旦地说自己没有地贫。李晓棠劝他还是去检查一下比较放心。赵凯有些气愤，指责女友不信任自己。李晓棠无奈只能选择相信赵凯，不再逼迫他进行婚前检查。

2015年10月，两人登记结婚，过起了甜蜜的二人生活。两年后，李晓棠怀孕了，她梦寐以求的相夫教子的理想生活近在咫尺。

李晓棠知道自己怀孕后，便去医院检查胎儿的健康情况，但当时刚刚受孕一两周，无法直接通过检测判断胎儿是否患有地贫。医生得知孩子母亲患有地贫后，强烈要求父母双方一起去做一个地贫指标的检查。这一检查不得了，原来赵凯也患有地贫，而且与李晓棠是同一类型，这意味着两人的孩子极有可能也患有地贫。果然不出所料，两个月后，经过再次检测，结果显示胎儿同样患有地贫，而且是足以致命的重型地贫。

李晓棠的心情就像是坐上了一架急速垂直下落的飞机，无情地从高处向下坠毁。不久前，她还沉浸在即将迎来宝宝的万分喜悦之中，此时却被告知胎儿患有重型地贫，必须引产。这先喜后悲的强烈冲击让李晓棠头晕目眩，瘫坐在医院走廊。

李晓棠做完引产手术后，赵凯基本没有来医院照顾过她，完全没有表现出一丝关心和疼爱。偌大的病房里只有李晓棠一个人，房间安静得有些压抑。李晓棠一遍遍回忆着与赵凯恋爱、结婚过程中的点点滴滴，也有了更多的时间去思考自己的婚姻。她想起，自己婚前要求赵凯去检查是否患有地贫，非但没有得到赵凯的理解，还遭到了他的责备，最终导致了自己腹中的胎儿夭折。李晓棠不愿再想起这些伤心往事，她闭上眼睛，任由泪水滑落。

李晓棠出院后，回到独自抚养自己长大的母亲身边休养。可是令她没有想到的是，在孩子这件事上，赵凯不但没有一丝愧疚与悔意，反而在父母的压力下，到法院提起了诉讼，要求离婚，还把生育和引产的责任全部推卸到李晓棠身上，并要求分割李晓棠婚后积累的财产。丈夫逃避现实、倔强执拗的性格造成了孩子的夭折，这本就严重伤害到了李晓棠，再收到这一纸诉状，她更是悲愤交加，当即决定应诉。

开庭当日，李晓棠强忍身体的不适与精神上的创伤，在法庭上据理力争：如果赵凯在恋爱、结婚，甚至怀孕前能积极配合进行检查，及时发现问题，那他们就可以选择做试管婴儿，科学地进行人工选择，这样完全可以避免悲剧的发生。但赵凯逃避现实，不愿意接受检查，结果对自己的身体和心灵都造成了严重的伤害，现在他还恬不知耻地要分割自己的财产，没门儿！

最后，法院对此案进行了调解，李晓棠同意离婚，赵凯放弃分割李晓棠婚后所得财产的要求，并向她支付赔偿费用 20 万元。

律师说法

本案涉及夫妻双方的忠实义务。根据我国《婚姻法》第四条的规定，夫妻应当互相忠实，互相尊重。一般而言，这里的忠实义务，从狭义上可理解为夫妻之间的贞操义务，即身体上忠于对方，不得出轨、与他人同居等。而广义的忠实义务还应当包括我们一般意义上所理解的诚实以及不得出于自身或第三人利益损害配偶的利益。本案中，赵凯在婚前承诺未患有地中海贫血，李晓棠才与其结婚。然而，婚后李晓棠怀孕，赵凯被迫接受检查时发现患有地中海贫血，并且导致胎儿也患有严重的地中海贫血，李晓棠因此不得不引产。可见，李晓棠的引产后果从根本上源于赵凯的自私和不诚实，而赵凯在李晓棠引产后的休养期间也并未对她进行照顾和安慰，违反了《婚姻法》第二十条规定的夫妻间应当互相扶养的义务。可以说，赵凯对李晓棠不忠实、不尽扶助义务，既违反道德准则，也违背法律指引。

案例中，李晓棠未起诉赵凯，赵凯却倒打一耙，反而起诉离婚并要求分割李晓棠婚后财产收入，实属不义之举。幸亏在开庭时经过调解，唤醒了赵凯的良知，放弃了分割李晓棠名下财产的要求，并且主动赔偿她20万元，否则，按照《婚姻法》第十七条以及第三十九条的规定，李晓棠婚后获得的财产都属于夫妻共同财产，赵凯在起诉离婚时可以要求法院进行分割。同时，根据《婚姻法》第四十六条的规定，有下列情形之一，导致离婚的，无过错方有权请求损害赔偿：（一）重婚的；（二）有配偶者与他人同居的；（三）实施家庭暴力的；（四）虐待、遗弃家庭成员的。案例中赵凯虽然对李晓棠不诚实，不恪尽扶养义务，但是并不符合上述损害赔偿的四种情形，李晓棠无法根据法律规定要求损害赔偿。通过法庭调解的方式，做通赵凯的思想工作，避免分割夫妻共同财产并且获取20万元的赔偿，对李晓棠来说是最好的结果。

如上所述，依据法律规定，李晓棠是无法要求损害赔偿的，并且她的婚内财产收入在离婚时还要与赵凯平分。尽管大家都难以接受，但是，这就是法律的刚性规定。况且，李晓棠在整个案件中也有责任，如果她结婚前坚持要求赵凯进行体检，或许就能够避免之后的不幸与痛苦。

婚姻的双方要诚实相待，无论婚前还是婚后，该坦诚的事情不能隐瞒。同时，恋爱、婚姻中要坚持原则，不能被感情冲昏头脑，被花言巧语所欺骗。婚前体检虽然不是法律的强制要求，但是建议大家都要在婚前进行体检，对双方未来生活和孩子负责。

心理分析

人与人之间相处最基本的原则就是诚信，而伴侣之间的坦诚相待对双方感情的经营更为重要。案例中，李晓棠对丈夫赵凯就非常坦诚，从两人相恋时她就明确告知对方自己患有地贫，并希望他去医院检查是否同样患有地贫，这不仅是对赵凯负责，也是对婚姻和家庭负责的表现。然而，赵凯却否认自己患有地贫，也许他抱有侥幸心理，但实际上他是在逃避现实，是幼稚且自私的表现。

俗话说，“性格决定命运”，李晓棠的悲剧是由她与赵凯的秉性造成的。李晓棠从小生活在单亲家庭中，与母亲共同生活，长期缺乏父爱的她特别渴望受到保护，所以当遇到高大强壮的赵凯时，她就沦陷了，完全忽视了赵凯的成长环境。反观赵凯，虽然看似阳光健硕，但他内心脆弱、不成熟，是父母翅膀下的“巨婴”。父母让离婚，他就起诉离婚，对父母无条件的顺从，也注定赵凯对婚姻和爱人没有信心。尽管他渴望有人能爱他，但他没有安全感，不敢面对现实。他不是一个成熟的男人，更不可能是一个负责任的父亲，他根本没有想过妻子一旦怀上患有地贫的孩子，将会对她的身体和心理造成怎样的伤害。

即使是这样，极度渴望父爱的李晓棠仍然选择了尝试，她向赵凯坦白了自己患有地贫，但对怀孕的事情却抱有侥幸心理。当赵凯不愿意配合婚检时，她也不敢强求，因为她害怕丈夫会厌恶甚至抛弃自己。她的纵容，或者说是胆怯、逃避，为日后埋下了伤害自己的种子。赵凯逃避现实、倔强执拗的性格最终造成了孩子的夭折，但他根本就不懂得反思自己，而是在父母的压力下，把责任全部推到李晓棠身上，这才导致了婚姻的破裂。

李晓棠作为受害者，她的遭遇当然值得同情，但其实并没有无缘无故的受害者，正是她的自卑心理导致她遇到了同样自卑的赵凯，双方都不懂得自爱，也没有办法赢得别人的爱，结果却伤害了一个无辜的生命，使自己的婚姻生活也画上了句号。

在婚姻问题上，“门当户对”是一个亘古不变的真理。当然，当下社会里的“门当户对”其实不一定是指经济层面的对等，但至少也要是学识、能力和精神层面的匹配。只有这样，在遇到问题时，才能坦然面对彼此，进行理性的沟通，及早修补婚姻里出现的裂痕。一段感情如果没有成功，至少也要收获成长。当遇到伤害的时候，不要一味地指责和抱怨，也不要抱有侥幸心理，而必须认真对待，寻找解决问题的办法。李晓棠面对赵凯的一纸诉状，强忍身体上的不适与精神上的创伤，积极应诉，这就表明她开始走向成熟了。只有这样，她才能不断成长，成为更好的自己，遇到真正属于自己的幸福。当然，这并不是说赵凯就是“坏人”，只是他也需要成长，真心希望他有一天也能成为合格的丈夫。

法律链接

《中华人民共和国婚姻法》

第四条　夫妻应当互相忠实，互相尊重；家庭成员间应当敬老爱幼，互相帮助，维护平等、和睦、文明的婚姻家庭关系。

第十七条　夫妻在婚姻关系存续期间所得的下列财产，归夫妻共同所有：

（一）工资、奖金；

（二）生产、经营的收益；

（三）知识产权的收益；

（四）继承或赠与所得的财产，但本法第十八条第三项规定的除外；

（五）其他应当归共同所有的财产。

夫妻对共同所有的财产，有平等的处理权。

第二十条　夫妻有互相扶养的义务。

一方不履行扶养义务时，需要扶养的一方，有要求对方付给扶养费的权利。

第三十九条　离婚时，夫妻的共同财产由双方协议处理；协议不成时，由人民法院根据财产的具体情况，照顾子女和女方权益的原则判决。

夫或妻在家庭土地承包经营中享有的权益等，应当依法予以保护。

第四十六条 有下列情形之一，导致离婚的，无过错方有权请求损害赔偿：

（一）重婚的；

（二）有配偶者与他人同居的；

（三）实施家庭暴力的；

（四）虐待、遗弃家庭成员的。

2

渣男遗弃患病儿，法庭面前终让步

法律故事

广州的天空很美，淡淡的蓝色飘忽，遥远，温柔。天空里没有云，风轻轻地吹过，很安静。

时间是下午两时许，陈蓉（化名）放下手中的咖啡杯，向对面熟悉又陌生的男人恳求道："孩子现在病着，不能没有父亲，我们能不离婚吗？"男人面无表情，冷冷地看着陈蓉，毫不犹豫地拒绝了她。

此时，面对这个男人的冷酷，陈蓉心灰意冷，回想起曾经的点点滴滴，越想心里越痛……

2004年，陈蓉通过朋友认识了赵川（化名）。赵川是个商人，家境殷实、自身条件又好。他对陈蓉特别体贴，两人很快就坠入爱河。经过三年的恋爱，陈蓉觉得赵川值得托付终身，便于2007年与他步入了婚姻的殿堂。婚后的日子无比甜蜜，陈蓉时常觉得自己是天底下最幸福的人。五年后，也就是2012年，陈蓉和赵川的爱情结晶在医院诞生了，是个儿子，足足有八斤重。陈蓉希望儿子也像自己一样快乐成长，便给他取名"乐乐"。俗话说：儿子像妈，这一点也没错。刚出生的乐乐像极了陈蓉，非常可爱。乐乐的到来给家里带来了无穷的欢乐，也让这个家变得更加温馨。

但是天有不测风云，这种温馨快乐的生活在乐乐两岁的时候戛然而止。按理说两岁多的孩子已经能够清晰吐字说话了，但是乐乐不仅说话晚，吐字模糊，而且不愿与人交流，只是自顾自地玩，喜欢注意旋转的东西，并且从来不看人的眼睛。2014年5月，陈蓉和丈夫带乐乐到医院检查，乐乐最终被医生确诊为孤独症。

孩子的病对于陈蓉一家来说犹如晴天霹雳，仿佛老天和他们开了一个大大的玩笑。但事情已经发生了，终究要面对。刚开始的时候，陈蓉和丈夫每天都按照医生的要求很积极地带乐乐进行“特殊教育与训练”，事必躬亲，夫妻二人也一直都相信他不久就会康复。可半年下来，乐乐没有任何好转的迹象。赵川逐渐变得烦躁和气馁，经常对妻子进行指责和抱怨。慢慢地，他常常借口工作忙，下了班回家也不照顾孩子，有时甚至还夜不归宿。陈蓉毫无怨言，一个人默默地承担了照顾儿子的一切事务。

2016 年的秋天，陈蓉不慎骨折，没办法照顾乐乐，便与丈夫商量：“我的脚受伤动不了，你能不能照顾一下我和孩子？”可没想到，赵川非但不照顾他们，还趁此要求离家分居。陈蓉多次挽求未果。从这年冬天开始，赵川便彻底不回家了，对乐乐，别说看望和照顾，连抚养费也不再出了。

两年后的夏天，陈蓉收到了赵川的离婚起诉书。薄薄的几页纸，在陈蓉手中却有千斤重，沉甸甸的，压得她喘不过气来。起诉书中赵川要求孩子归陈蓉抚养、分割夫妻共同财产，更残忍的是赵川居然串通母亲编造夫妻债务。陈蓉看着起诉书，脸上流泪，心里流血。曾经的日子有多甜，现在她的心里就有多苦。但是乐乐的病还没有治好，如果没有完整的家庭，又缺乏父亲的陪伴，只怕会更难痊愈，所以陈蓉打定主意拒绝离婚。

这才有了开头的一幕，陈蓉为了挽救这段无望的婚姻，把赵川约到了离家不远的咖啡馆，谈论离婚的事情。但无论陈蓉怎么哀求，赵川都不为所动。赵川认为自己是家里的独苗，要传宗接代，而乐乐又患有孤独症，是不正常的孩子，他和父母都不能接受，所以必须离婚。陈蓉无奈，只好找律师来打这场离婚官司，为自己，更为无辜的乐乐。

后来，这桩离婚案通过律师的斡旋与感化，在法官的努力下，赵川良心发现，做出了让步。最后法院判决，夫妻财产的一大半归陈蓉，且不认可夫妻债务；孩子归陈蓉抚养，同时赵川支付相应的抚养费、教育费等费用。

律师说法

我国《婚姻法》第二十一条中明确规定，父母对子女有抚养教育的义务，父母不履行抚养义务时，未成年的或不能独立生活的子女，有要求父母付给抚养费的权利。也就是说，对于父母来说，抚养未成年子女是法律规定的义务，如果父母不能用实际行动来亲自抚养孩子，那么也应该通过给付抚养费的方式来履行抚养义务。本案中，在乐乐生病后的两年中，赵川作为父亲都没有尽到抚养义务，甚至在孩子母亲陈蓉骨折后作出请求的情况下，他非但没有进行照料，反而趁此离家分居，并且在分居后，连孩子的抚养费都不再支付了。赵川这种因为自己的孩子患有孤独症，在感觉治疗无望后拒绝照顾孩子、不再支付抚养费的行为，应当被认定为遗弃家庭成员。孩子的母亲陈蓉可以代为行使权利，要求他支付相应的抚养费。

之后，赵川又起诉离婚，如果陈蓉同意离婚，则会涉及两个问题。第一是财产的分割问题，第二是抚养孩子的问题。

在财产分割方面，离婚时，如果没有特别约定，原则上对夫妻共同财产予以平分。但是，《婚姻法》第四十七条第一款有这样的规定："离婚时，一方隐藏、转移、变卖、毁损夫妻共同财产，或伪造债务企图侵占另一方财产的，分割夫妻共同财产时，对隐藏、转移、变卖、毁损夫妻共同财产或伪造债务的一方，可以少分或不分。"本案中，赵川与母亲串通编造夫妻债务，想在分割财产的时候达到多占的目的，符合上述法律条文中所说的伪造债务企图侵占另一方财产的情形，因此分割财产时应对赵川少分或者不分。

此外，本案中还涉及损害赔偿问题。根据《婚姻法》第四十六条的规定，虐待、遗弃家庭成员导致离婚的，无过错方有权请求损害赔偿。本案中，赵川不但拒绝抚养孩子、不支付抚养费，还借口不接受患有孤独症的孩子而提出离婚。因此，两人最终离婚，是由于赵川遗弃家庭成员导致的，陈蓉作为无过错方，可以向法院请求损害赔偿。

而对于由谁抚养孩子的问题，法官会根据"儿童利益最大化原则"，综合考虑父母双方的经济能力、陪伴教育时间以及双方能给孩子营造的成长环境来确定。在本案中，很明显由陈蓉抚养孩子才能让他得到更好的保护。但不管孩子由谁抚养，赵川作为孩子父亲的这一事实永远无法改变，离婚后，赵川对孩子仍有抚养和教育的权利和义务，必须承担部分生活费、教育费、医疗费等抚养费用。

“生了孩子就要养”，这不是一句空话，是有法律依据的。任何不抚养孩子、逃避抚养义务的人都将在法律面前“低头认账”。

❤ 心理分析

俗话说，“不孝有三，无后为大”。自古以来男性就希望自己的血脉能够繁衍，更希望自己的孩子比自己更加优秀、健康。一旦孕育出的子女患有病症，他们通常都会认为是妻子的问题，严重者甚至会离婚，重新孕育孩子，以证明自己拥有良好的基因。本案中，赵川有着很强的经济实力和个人能力，成长背景非常优越，从小没有经历过挫折，这就造成他承受挫折的能力有限。直到孩子被确诊患有孤独症之前，他的生活一直是一帆风顺的，突如其来的变故让他经历了巨大的打击，以致无法承受，最终选择逃避。

赵川不愿意抚养孩子，甚至拒绝支付孩子的抚养费用。与其说孩子是赵川的骨肉，还不如说是他用来证明自己成功的工具，当他发现这是一个残缺而无法挽救的工具时，连最起码的怜悯心都抛弃了，而只想着降低损失，彻底摆脱这个累赘。赵川对妻子和孩子一点责任感都没有，是极其自私的，他的想法很可能受到了父母的影响。赵川的父母是冷漠的，他们只是为了自己的脸面而把儿子培养成在事业上成功的男人，却忽视了爱的教育，最终造成赵川畸形的人生观——为人处世仅以是否有使用价值为标准。在赵川的思维体系里，无用的都是该丢弃的废物。

而孩子的母亲陈蓉则与赵川截然不同，她是一个有魄力和毅力的女性。面对命运带给夫妻双方共同的考验，她没有像赵川一样自私地选择逃避，而是勇敢面对、承担责任。陈蓉为了保护孩子，理性地与自私冷酷的丈夫据理力争，最大限度地为孩子争取福利，独自承担着孩子的抚养责任。当她竭尽所能，无法从情感上挽回丈夫、挽回家庭的时候，她选择了全力面对和回击，勇敢地走进法庭，最终赢得了属于自己的胜利。

婚姻是爱情的延续，更是责任和义务的开始。正确的人生观对于婚姻的成功起着至关重要的作用。因此，在我们寻找伴侣的时候，一定要注意考察对方的人生观、价值观以及责任感等，拒绝“三观不正”或者缺乏责任感的人，否则，就可能成为我们后半生不幸生活的起点。

法律链接

《中华人民共和国婚姻法》

第二十一条　父母对子女有抚养教育的义务；子女对父母有赡养扶助的义务。

父母不履行抚养义务时，未成年的或不能独立生活的子女，有要求父母付给抚养费的权利。

子女不履行赡养义务时，无劳动能力的或生活困难的父母，有要求子女付给赡养费的权利。

禁止溺婴、弃婴和其他残害婴儿的行为。

第三十六条　父母与子女间的关系，不因父母离婚而消除。离婚后，子女无论由父或母直接抚养，仍是父母双方的子女。

离婚后，父母对于子女仍有抚养和教育的权利和义务。

离婚后，哺乳期内的子女，以随哺乳的母亲抚养为原则。哺乳期后的子女，如双方因抚养问题发生争执不能达成协议时，由人民法院根据子女的权益和双方的具体情况判决。

第三十七条　离婚后，一方抚养的子女，另一方应负担必要的生活费和教育费的一部或全部，负担费用的多少和期限的长短，由双方协议；协议不成时，由人民法院判决。

关于子女生活费和教育费的协议或判决，不妨碍子女在必要时向父母任何一方提出超过协议或判决原定数额的合理要求。

第四十六条　有下列情形之一，导致离婚的，无过错方有权请求损害赔偿：

（一）重婚的；

（二）有配偶者与他人同居的；

（三）实施家庭暴力的；

（四）虐待、遗弃家庭成员的。

第四十七条 离婚时，一方隐藏、转移、变卖、毁损夫妻共同财产，或伪造债务企图侵占另一方财产的，分割夫妻共同财产时，对隐藏、转移、变卖、毁损夫妻共同财产或伪造债务的一方，可以少分或不分。离婚后，另一方发现有上述行为的，可以向人民法院提起诉讼，请求再次分割夫妻共同财产。

人民法院对前款规定的妨害民事诉讼的行为，依照民事诉讼法的规定予以制裁。

3

父母未得子孙含恨九泉，妻子自私不孕被诉离婚

法律故事

屋外，乌云密布，雷电交加，一场暴风雨即将来临。屋里，郑强（化名）大口大口地喝酒，用酒精麻醉自己。他不断回想着原来在这个屋子里所发生的一切，想到父母去世时因未能抱上孙子没有瞑目，想到妻子的自私与固执……

郑强是家里的独子，从小家境非常好。长大后，郑强凭借自己的努力成为一名科级干部，但是一直没有结婚对象。后来，在朋友的介绍下，郑强认识了方云（化名）。两人门当户对，郎才女貌，在交往一年之后，步入了婚姻的殿堂。

结婚后，郑强与方云同郑强父母住在一起，日子还算和睦。对于父母来说，儿子结婚后的第一个愿望就是早点抱上孙子。为了让方云尽快为郑家生下子嗣，郑母经常给她做各种山珍海味，甚至在家里放了一尊送子观音。对于婆婆无微不至的照顾，方云感激不尽，同时也备感压力。日子一天天过去了，郑强一家每天都满怀希望地期待着方云怀孕的好消息。

时光如白驹过隙。两年过去了，方云一直没有怀孕，原本平静而幸福的生活开始被打破。2014 年秋天，郑强主动提出，希望方云可以和他一起到医院检查一下一直都没有孩子的原因，以便进行有针对性的治疗，方云断然拒绝。

郑强感到万般无奈，一边是望眼欲穿想要抱孙子的父母，一边是妻子的不配合、不理解。最后，郑强独自到医院做了检查，结果显示他的身体状况一切正常。郑强回家把体检报告拿给方云看，方云大怒，吼道："你这是在侮辱我！你把我当什么了？为你们家传宗接代的生育机器吗？恐怕你娶我回

来就是为了给你生孩子吧！”郑强的父母听到争吵声，前来劝解，郑母哭着对方云说：“小云，不孝有三，无后为大呀！我和你爸爸以后不需要你们养老，你们只要为老郑家生个孩子，我们就心满意足了。否则，我们以后就是死了也闭不上眼啊！”方云没有说话，就这样，两人的吵架风波暂时平息了。但从那以后，方云开始拒绝与郑强同床共枕，甚至以工作忙、经常加班为借口搬到宿舍去住。郑强以为方云可能就是使使小性子，等她想通了，自然就会搬回来了。

在方云搬走之后，郑强父母每天都愁眉不展，唉声叹气。2015 年清明节，郑强和父母一起去祭祖。郑父在坟前声泪俱下：“郑家可能要绝后了，我对不起郑家的列祖列宗。”郑母也悲痛欲绝地说：“郑家的祖辈走过长征，在枪林弹雨下都活下来了，可是现在却要绝后了……”看着父母，郑强万分心痛。

回到家之后，郑父因悲伤过度，突发脑溢血，卧床不起。一年后，郑父去世。后来，郑母因操劳过度，积劳成疾，也在 2017 年的冬天去世了。然而，在郑强父母生病到去世这段时间，方云不但没有回家服侍照料，而且对家里的事一概不闻不问。面对双亲相继离世、妻子离家出走的境况，郑强心如刀绞，每天都以酒相伴，醉得不省人事。家散了，他的心也碎了……

郑强提出离婚，方云不同意。于是，郑强找了律师，向法院起诉离婚。在法庭上，郑强陈述了两人感情破裂的经过。方云为自己辩解，称还爱着郑强。方云说她内心非常害怕做母亲，但是不敢和郑强说出自己的真实想法。在她小时候，父母经常因为琐事而争吵，甚至大打出手。后来，父母离婚了，她被判给了母亲。母亲因为带着她的缘故，一直也未能组建新的家庭，为此经常斥责她。她从小就暗暗发誓，长大结婚后不会再要孩子。如今，眼看自己年纪也不小了，一旦离婚便很难再遇到像郑强这么好的男人了。因此，她不同意离婚。

法院基于郑强坚持离婚，再加上双方分居已达两年以上且女方不愿生育，符合法定离婚的情形，最后经过调解，二人结束了这段婚姻。方云虽心有不甘，但还是为自己的自私买了单，最终接受了分手的现实。

律师说法

本案涉及夫妻的生育权问题。生育权是人类的一项基本权利。既然是权利，就可以选择行使或放弃。我国《妇女权益保障法》第五十一条第一款规定："妇女有按照国家有关规定生育子女的权利，也有不生育的自由。"可见妇女在生育权方面占据主导地位，因此，在本案中，郑强不能强制方云生育，郑强的父母也不能加以干涉。虽然方云有选择是否生育的自由，但是也应该考虑丈夫以及家人的意见。婚姻需要两个人互相的理解与迁就，而不能固执己见。案例中方云坚持不生育的观念是不成熟的，不利于婚姻关系的和谐稳定。

此外，本案还涉及诉讼离婚的法定情形。我国《婚姻法》虽然没有规定同居是夫妻之间互负的义务，但夫妻共同生活是维持婚姻关系的基本条件。因此，根据我国《婚姻法》第三十二条第三款的规定，在诉讼离婚中，因感情不和分居满两年，法院经过调解无效的，应准予离婚。在认定夫妻因感情不和而分居时，必须满足下列条件：（一）夫妻双方共同生活中止，即已经分居分食；（二）夫妻双方有分居的故意，即双方或一方拒绝共同生活，但双方由于学习、工作、出国等客观原因而分居的除外；（三）夫妻双方的分居必须具有连续性。在本案中，方云因不愿意生孩子，以加班为借口，搬出与郑强共同生活的房屋，具有与郑强分居的主观故意，且实际上并不是因工作原因而分居。也就是说，方云与郑强的分居属于感情不和的情形。此外，根据《最高人民法院关于适用〈中华人民共和国婚姻法〉若干问题的解释（三）》第九条的规定，夫妻双方因是否生育发生纠纷，致使感情确已破裂，一方请求离婚的，人民法院经调解无效，可以判决离婚。郑强提起离婚诉讼时，与方云分居已经满两年，且方云拒绝怀孕，符合可以判决离婚的条件。因此，即便方云不同意离婚，最后法院仍然以两人分居满两年、因生育发生纠纷导致感情破裂为由判决准予离婚。

夫妻间的同居虽然并非法定义务，但是有利于维护和谐的家庭关系，夫妻任何一方都应当遵守婚姻道德。同时，对于一些权利，在家庭和爱人面前，要懂得适时地"放弃"，不能一味地"坚持和捍卫"，否则，有可能两败俱伤。

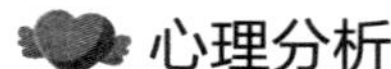

心理分析

自从国家放开二胎政策以来，我国的生育率不但没有上升反而降低了。面对现实，很多年轻人都表示不会选择生二胎，有的甚至主张丁克。然而，受“不孝有三，无后为大”的传统思想影响，父母还是希望子女能够生儿育女。这时，婚姻家庭生活中的纠纷可能就会剑拔弩张。就像案例中的郑强和方云，二人郎才女貌，又门当户对，步入婚姻生活后原本也非常幸福，即使婚后与郑强父母共同居住，方云也能处置得当。但唯一的不和谐就是，郑强及其父母迫切希望迎来下一代，而方云却有坚持不生孩子的想法。

郑强与方云之间的矛盾发展到离婚的地步，表面上看是由于双方生育观念的不同，但实际上是因为他们不懂得沟通，而只会将问题归结在对方身上，最后把原本美好幸福的家庭推向了终结的深渊。

郑强是家里的独生子，又是革命后代，家庭环境十分优越，而且步入职场后年纪轻轻就成了科级干部，这些顺风顺水的成长经历造就了他独断专行的性格。面对妻子方云不想生育的问题，他没有用共情心去了解妻子不想生育的原因，反而在没有同方云商量的情况下，径自去医院做了健康检查。这样让方云感到了深深的压力，进而使她对生育更加抵抗，夫妻关系逐渐恶化。更不幸的是，郑父郑母又在没有看到孙辈的情况下先后离世，这使得从小孝顺父母的郑强心怀芥蒂，夫妻之间的矛盾变得无法调和。

其实，如果郑强关心方云，主动进行沟通，不难发现她对生育子女的抵触缘于童年时期的阴影。因为童年时期遭遇家庭变故，方云产生了心理障碍，对生育子女带有恐惧感，担心子女重蹈自己的覆辙，害怕单亲家庭给自己的孩子带来不良影响，从而决定不生孩子。郑强如果能了解这一原因，给予妻子心理疏导和情感安慰，双方应该不至于落得如此下场。尽管方云直到最后仍对这段婚姻抱有希望，但郑强没能给她安全感，而她也没能敞开心扉与丈夫进行深度交流，共同去寻找解决的办法，因此，这段感情只能以悲剧收场。

男女生理特点不同，女性承担了受孕、怀孕、生产子女整个过程的任务，因此，在现实生活中，女性一般都享有生育的最后支配权。但是，在婚姻关系中，生育子女也是需要用心经营的一个方面，夫妻双方对此都应该有正确的认识。

生育子女并不完全是为了传宗接代，而更多的是培育夫妻双方爱情的结晶。面对生育问题，夫妻之间要互相理解、互相沟通。如果郑强和方云能够积极沟通，也许他们会拥有一个美好的生活。但是人生不是舞台，生活无法彩排，最终他们还是抱憾离场。愿他们能够从这段失败的婚姻中得到成长。

法律链接

《中华人民共和国妇女权益保障法》

第五十一条 妇女有按照国家有关规定生育子女的权利，也有不生育的自由。

育龄夫妻双方按照国家有关规定计划生育，有关部门应当提供安全、有效的避孕药具和技术，保障实施节育手术的妇女的健康和安全。

国家实行婚前保健、孕产期保健制度，发展母婴保健事业。各级人民政府应当采取措施，保障妇女享有计划生育技术服务，提高妇女的生殖健康水平。

《中华人民共和国婚姻法》

第三十二条 男女一方要求离婚的，可由有关部门进行调解或直接向人民法院提出离婚诉讼。

人民法院审理离婚案件，应当进行调解；如感情确已破裂，调解无效，应准予离婚。

有下列情形之一，调解无效的，应准予离婚：

（一）重婚或有配偶者与他人同居的；

（二）实施家庭暴力或虐待、遗弃家庭成员的；

（三）有赌博、吸毒等恶习屡教不改的；

（四）因感情不和分居满二年的；

（五）其他导致夫妻感情破裂的情形。

一方被宣告失踪，另一方提出离婚诉讼的，应准予离婚。

《最高人民法院关于适用〈中华人民共和国婚姻法〉若干问题的解释（三）》

第九条 夫以妻擅自中止妊娠侵犯其生育权为由请求损害赔偿的，人民法院不予支持；夫妻双方因是否生育发生纠纷，致使感情确已破裂，一方请求离婚的，人民法院经调解无效，应依照婚姻法第三十二条第三款第（五）项的规定处理。

4

三年夫妻守身如玉，抱憾情断最终分离

法律故事

性生活是夫妻生活的重要内容。现实中，有很多夫妻因没有性生活导致夫妻关系名存实亡，甚至离婚。已过而立之年的张舒（化名）和李磊（化名）就是这样的一对夫妻。

在十多年前的一次聚会上，张舒与李磊相遇，当时的他们才二十多岁。张舒清纯可爱，未施粉黛、朴朴素素的样子给李磊留下了深刻的印象；李磊温文尔雅，皮肤白净，也引起了张舒的特别注意。两人在聚会中经过简单的交流，留下了对方的联系方式，而后顺其自然地恋爱了。

这场恋爱，一谈就是八年。在八年的时光里，有两人依偎在一起骑着单车，穿梭于广州老街，寻找各种美食的甜蜜；有女孩两次大病住院，男孩无微不至照料的感动；还有对彼此的尊重。作为一个80后，张舒的性行为思想极度保守，她认为女人在结婚前，一定要是处女。因此，在长达八年的恋爱中，李磊和张舒从来都没有偷尝禁果，顶多就是拥抱、亲吻。李磊很爱张舒，他非常尊重张舒的意愿，尽可能地克制自己。

2015年的冬天，两人觉得时机成熟，于是到民政局登记结婚。结婚对李磊来说意义非凡，这不仅意味着他们是合法夫妻，更意味着从此以后可以与自己心爱的女孩同床共枕了。李磊心里有说不出的激动和喜悦。

新婚洞房之夜，两人欲行鱼水之欢，但是并不顺利。张舒因为害怕而屡屡退缩，李磊也渐渐失去兴趣。整晚，谁都没说话，静静地躺了一夜。

婚后，夫妻二人和李磊的妈妈住在一起。常言道，婆媳关系，远香近臭。跟婆婆住在一起的张舒，烦恼不断。她经常发现婆婆在李磊洗澡的时候，径直推门进去拿东西，两人都毫不避讳，并且，婆婆经常给李磊买内裤等非常私人的物品，这些都让她很不舒服。有时候，张舒跟老公发泄不满，李磊说，他自小跟妈妈相依为命，初中的时候才和妈妈分床睡，在妈妈眼里，他永远是长不大的孩子，他现在有老婆了，可能妈妈心里多少有些失落，还请张舒多多包容。可张舒觉得，男人就是小时候再跟妈妈亲密，长大后也应该保持起码的隐私空间。生活中，张舒因对婆婆不满，不时地有一些情绪化行为，而婆婆也经常看张舒不顺眼，动不动就指责她。久而久之，婆媳关系越来越差，后来演变成每天都会争吵。

张舒性格比较内向，争吵后的不良情绪长时间得不到疏解，最终得了抑郁症。医生告诉她需要在安静的环境下休息。张舒搬回了娘家居住，好在两家相距不远，她可以偶尔回来和丈夫团聚。然而婆婆经常阻挠张舒回家，甚至故意换锁，不让她进门。就这样，张舒与李磊分分合合的日子维持了3年。但令人难以置信的是，3年间，张舒和李磊还都是处女、处男。

2018年，还是冬天，李磊到法庭起诉，要求跟张舒离婚，理由很简单：没有性生活。李磊觉得张舒拒绝与自己发生性行为，是对自己的性虐待，没有尽到一个妻子的义务。而张舒则认为，只要李磊提出性生活要求，自己就从没有拒绝，虽然自己有些害怕和退缩，但是李磊一遇到困难就不坚持了，这才导致每次都无疾而终。张舒觉得他们经历了十一年的风风雨雨不容易，不同意离婚。就这样，第一次诉讼，法院未判决两人离婚。一年后，李磊再次起诉离婚。张舒心灰意冷，觉得再坚持下去也没有什么意义了，便同意了离婚。最终，法院判决准予离婚。

人生如戏。或许，离开了张舒的李磊，会找到一位称心如意的新伴侣，而离开了李磊的张舒，也可能会找到一位对她更体贴的男人。不管怎样，祝福他们。

律师说法

一般而言，夫妻在结婚之后是要共同居住生活的，但是也有各种原因而分开居住的，夫妻同居并不是法律的强制性要求。我国《婚姻法》第四条规定，夫妻应该互相忠实，互相尊重。法律限制与婚外异性同居，却没有规定夫妻之间必须同居。相应地，夫妻之间的性生活也并未规定在《婚姻法》中，仅仅是大众从习惯上认为这是夫妻之间互负的义务。夫妻双方必须互相尊重，包括尊重对方的性权利，一方未征得对方同意，不能强迫与之发生性关系，否则不仅违反《婚姻法》，还可能触犯《刑法》，构成犯罪。

虽然法律对夫妻同居及性生活未作强制规定，但是如果夫妻双方对此存在矛盾，可能导致感情破裂的后果。根据《最高人民法院关于人民法院审理离婚案件如何认定夫妻感情确已破裂的若干具体意见》第五条规定："双方办理结婚登记后，未同居生活，无和好可能的，视为夫妻感情确已破裂。一方坚决要求离婚，经调解无效，可依法判决准予离婚。"这里的同居生活不仅包含共同居住，也包含夫妻之间的性生活，但是千万不能理解为一方有权强行与另一方发生性关系，否则涉嫌犯罪。夫妻之间正常的性生活对双方感情具有促进作用，并且从大众观念上来讲，性生活是夫妻生活中重要的环节，因此如果夫妻双方未同居生活，没有性生活，无和好可能的话，法院调解无效可以判决准予离婚。在本案中，张舒与李磊是夫妻，虽然两人结婚后一直都没有性行为，却在一起同居生活。基于此，当李磊第一次以无性生活为由起诉至法院要求离婚时，他们并没有达到夫妻感情破裂的程度，仍具有和好的可能，因此法院未判决两人离婚。

另外，该案也涉及家庭成员之间的关系。《婚姻法》第四条规定："……家庭成员间应当敬老爱幼，互相帮助，维护平等、和睦、文明的婚姻家庭关系。"由此可见，一个家庭的和睦需要所有家庭成员的共同努力，每个人都应当树立尊老爱幼、男女平等、勤俭持家的观念。本案中，张舒认为婆婆在生活中对于李磊的一些隐私行为毫不避讳，加之长期共同生活难免会产生一些摩擦，婆媳二人因此产生矛盾。在日常生活中，张舒应当尊敬婆婆，在婆婆有不合理的行为时，张舒可以主动或者让李磊与婆婆进行沟通，进而解决问题。李磊的妈妈作为共同生活的家庭成员之一，也应该尊重儿子与儿媳的私生活，不能随意进行干预，她在日常生活中毫不尊重儿子隐私的做法不利于家庭关系的和谐。此外，在张舒患有抑郁症之后，她还经常将其拒之门外的行为也

是不合理的。

虽然夫妻之间的性生活没有明确写入《婚姻法》之中，但这是维系婚姻关系的重要纽带。在家庭共同生活中，夫妻之间要互相忠实，互相尊重，其他共同生活的家庭成员也要敬老爱幼，互相帮助，互相尊重。在平等基础上，家庭生活才会更加和睦，婚姻关系才能更加和谐。

心理分析

在生活中，很多人一谈到性，下意识的动作就是回避，我们的社会甚至有些“谈性色变”。但是，性是一件非常普通而自然的事情，它在我们的生活中扮演着极其重要的角色，是两性关系的润滑剂。情、钱、性是婚姻关系中的铁三角，无论缺少了哪一方，婚姻关系都会变得不稳定，甚至走向瓦解。

在上面的案例中，新婚之夜不适的性体验及婚后不和谐的婆媳关系竟然导致恋爱八年、结婚三年的感情破裂。我们无法否认张舒与李磊之间的真情实意，否则，张舒不可能为李磊守身如玉，而李磊也不可能与张舒相恋八年。二人从相恋到步入婚姻殿堂实属不易，但令人唏嘘的是，婚后三年，双方竟然还是处女、处男。难以启齿的性生活的不和谐带来了家庭关系的不和谐，最终导致二人分道扬镳。

出现这样的后果，主要是以下两方面的原因：

一方面，因为张舒和李磊性格都非常内向，心智不成熟、人际交往比较被动，不懂得主动沟通。面对糟糕的性生活，张舒羞于启齿，不敢正视，而李磊不但没有主动跟妻子交流，也没有继续向妻子求欢示爱，更没有带妻子去寻医问诊，任夫妻关系日益紧张。而面对不断升级的婆媳矛盾，张舒的沟通能力、家庭关系经营能力偏弱，只知道跟丈夫诉苦，而不能理解婆婆与丈夫毫无隐私是其对丈夫日常照料或相处多年的习惯使然，也没有主动跟婆婆沟通。李磊作为一个“巨婴”，内心深处认为“自小跟妈妈相依为命，初中时才和妈妈分床睡，在妈妈眼里，他永远是长不大的孩子，现在有老婆了，可能妈妈心里多少有些失落”，只求妻子多包容，而不愿站在妻子的角度跟其交流沟通，也没有居中协调婆媳关系。

另一方面，由于双方都缺乏性知识，尤其是发现张舒对性的排斥心理后，他们都选择了回避，既没有沟通也未及时就医。新婚之夜，性体验不适，张舒对性生活产生了排斥、害怕、退缩等心理，李磊几次尝试仍未果，张舒没有正视这一问题，而李磊也索性放弃了性生活。洞房花烛夜的糟糕性体验在两个人的心里都烙下了伤痕，回避之举又加深了双方之间的隔阂。

此外，导致二人离婚的还有一个重要因素，就是张舒婚后没能及时转变自己的角色——妻子和儿媳。作为妻子，当然要履行夫妻义务，行夫妻之实，但张舒却对性极其排斥，又没能很好地调节自我；作为儿媳，当然要接纳婆婆，与婆婆和平相处，但张舒却喜欢吃婆婆的醋，对婆婆经常表现出情绪化行为。

夫妻、婆媳关系等矛盾让性格单纯、内向的张舒在争吵后的不良情绪难以释怀，最终得了抑郁症。而直到此时，李磊仍然没有积极解决，而是选择了离婚。也许，离婚对两人来说都是一种解脱。

小两口婚后与父母朝夕相处，难免会出现磕磕碰碰，面对恶化的婆媳关系，丈夫应该更加关爱、陪伴妻子，而妻子也要理解、宽容婆婆，只有双方互相沟通，主动去解决矛盾，才能家和万事兴。

法律链接

《中华人民共和国婚姻法》

第四条　夫妻应当互相忠实，互相尊重；家庭成员间应当敬老爱幼，互相帮助，维护平等、和睦、文明的婚姻家庭关系。

《最高人民法院关于人民法院审理离婚案件如何认定夫妻感情确已破裂的若干具体意见》

人民法院审理离婚案件，准予或不准离婚应以夫妻感情是否破裂作为区分的界限。判断夫妻感情是否确已破裂，应当从婚姻基础、婚后感情、离婚原因、夫妻关系的现状和有无和好的可能等方面综合分析。根据婚姻法的有关规定和审判实践经验，凡属下列情形之一的，视为夫妻感情确已破裂。一方坚决要求离婚，经调解无效，可依法判决准予离婚。

1. 一方患有法定禁止结婚疾病的，或一方有生理缺陷，或其他原因不能发生性行为，且难以治愈的。

2. 婚前缺乏了解，草率结婚，婚后未建立起夫妻感情，难以共同生活的。

3. 婚前隐瞒了精神病，婚后经治不愈，或者婚前知道对方患有精神病而与其结婚，或一方在夫妻共同生活期间患精神病，久治不愈的。

4. 一方欺骗对方，或者在结婚登记时弄虚作假，骗取《结婚证》的。

5. 双方办理结婚登记后，未同居生活，无和好可能的。

6. 包办、买卖婚姻、婚后一方随即提出离婚，或者虽共同生活多年，但确未建立起夫妻感情的。

7. 因感情不和分居已满 3 年，确无和好可能的，或者经人民法院判决不准离婚后又分居满 1 年，互不履行夫妻义务的。

8. 一方与他人通奸、非法同居，经教育仍无悔改表现，无过错一方起诉离婚，或者过错方起诉离婚，对方不同意离婚，经批评教育，处分，或在人民法院判决不准离婚后，过错方又起诉离婚，确无和好可能的。

9. 一方重婚，对方提出离婚的。

10. 一方好逸恶劳、有赌博等恶习，不履行家庭义务、屡教不改，夫妻难以共同生活的。

11. 一方被依法判处长期徒刑，或其违法、犯罪行为严重伤害夫妻感情的。

12. 一方下落不明满二年，对方起诉离婚，经公告查找确无下落的。

13. 受对方的虐待、遗弃，或者受对方亲属虐待，或虐待对方亲属，经教育不改，另一方不谅解的。

14. 因其他原因导致夫妻感情确已破裂的。

第二章

婚姻不易，且行且珍惜

1

夫妻情感一线牵，奈何浪子坠深渊

法律故事

“同声自相应，同心自相知。同声若鼓瑟，合韵似鸣琴。”用这两句话形容默契的夫妻关系再合适不过。但不得不承认，默契的夫妻关系往往与双方的学识、地位、修养等因素有极大的关系，如果男女双方差距较大，往往很难形成默契的夫妻关系。当然，现实中也不乏在学识、地位、修养、财富等方面差距较大的夫妻，平稳地相伴一生。这类夫妻有一个共同的特点，那就是双方在情感上的绝对忠诚。在有各种差距的夫妻间，情感是维系他们关系的唯一纽带，这个纽带一旦断裂，夫妻关系也必将难以为续。两个80后的江苏人，就是这样的一对夫妻。

文艺青年陈美芝（化名）在一次偶然的机会中，与老乡江海（化名）相遇。当时，陈美芝还是江苏某大学的一名学生，而江海已经在高中毕业后参加工作好几年了，有一定的社会阅历。江海对陈美芝一见钟情并展开了猛烈的追求。陈美芝孤身一人在外求学，难以拒绝江海的殷勤，很快和他建立了恋爱关系。后来，江海到广州工作，两人每天通过网络聊天，寄托相思之情。陈美芝大学毕业后，自然而然地到广州找工作，陪伴在江海身边。第二年，两人登记结婚。又过了一年，陈美芝生下一个男孩，一切都是水到渠成。

虽说婚姻是两个人的事，但很多时候，牵涉的事情太多，也就成了两个家庭的事。从一开始，陈美芝的父母就不看好这段婚姻，他们认为江海学历低，且自幼父母离异，受继母薄待的成长经历或多或少会对他的性格造成不良影响，再加上江海没钱、没才能，看上去有点痞性的外型，跟自己大学本科毕业、品貌俱佳的宝贝女儿无法般配。陈父、陈母几次劝说女儿与江海一刀两断，但陈美芝就是死心塌地认准了江海就是自己要找的丈夫。没办法，孩子是父母的掌上明珠，陈父、陈母只好认了命。

婚后不久，江海失业了。这次，他不想继续找工作，而是想自己创业开一家服装店。陈美芝拗不过他，跟父母借了钱，再加上他们自己的积蓄，在广州一处繁华地段开起了服装店。好景不长，因江海能力不足、经营不善，服装店仅仅营业了几个月就倒闭了。后来，江海又尝试去北京做生意、从事快递工作等，但终因吃不了苦、受不了客户指责等以失败告终。

一事无成的江海整日在社会上游荡。陈美芝觉得没关系，只要江海还爱着自己就行了。但是，事情远没有陈美芝梦想的那么好。一天，江海外出时将手机忘在了家里，伴随着一声微信提示音，一条不堪入目的消息直击陈美芝的双眸："你下次给我下载的小黄片要狂野一点，好不？"发消息的人使用的是一位可爱的少女头像。陈美芝顿时警觉起来，她有种隐隐的不安：老公在外面有人了。她疯狂地翻阅着老公的手机，发现了大量江海与这位"可爱少女"的聊天信息，内容非常露骨、肉麻，更有甚者，她还发现了江海与少女的艳照以及他们发生性关系的不雅视频。陈美芝简直崩溃了，她无法容忍丈夫的出轨，而且对方看起来还未成年。

陈美芝毕竟是受过高等教育的人，理智告诉她，这件事要从长计议。于是，她开始对丈夫展开调查。不查不知道，一查吓一跳。她发现，在他们结婚不到一年的时候，同时也是在自己怀孕期间，江海就开始与一名 17 岁的职业高中女生有染。江海经常与这名女生出入高档酒店、以出差的名义在全国各地旅游，还时不时在网上裸聊，甚至还将二人的情色视频经面部打码后上传至色情网站。更可气的是，江海用于婚外情的各种开销，都来自透支或套现陈美芝及其父母的信用卡，前前后后的消费高达 30 万元。结婚以来，江海把心思都花在了"出轨"上，没有尽到一点丈夫之情、父亲之义，对自己年幼的孩子不管不顾，没有支付过任何抚养费……

陈美芝大彻大悟。她后悔当初没有听从父母的话。但人生不可逆转，往事已成定局，凡事还是要往前看。陈美芝擦干了眼泪，挺了挺胸膛，暗暗地下了决心："告他！"就这样，陈美芝在律师的帮助下，向法院起诉离婚。最终，法院判决离婚，陈美芝也得到了应有的赔偿。

律师说法

本案主要涉及夫妻间的忠实义务。所谓忠实义务，在狭义上主要指配偶间的贞操义务，即双方互负的性行为的排他专属义务，这意味着夫妻在婚后应该专一，不能有婚外性行为。关于忠实义务，我国现行《婚姻法》第四条规定："夫妻应当互相忠实，互相尊重；家庭成员间应当敬老爱幼，互相帮助，维护平等、和睦、文明的婚姻家庭关系。"而在婚姻生活中，通奸、重婚、有配偶者与他人同居等都是违反忠实义务的表现。本案中，江海在结婚后多次出轨，与其他女性发生不正当性关系的行为就违背了对妻子陈美芝的忠实义务。

夫妻一方违背忠实义务，不仅不符合道德的要求，我国法律也进行了一定的规制，主要体现在以下方面：

第一，违反忠实义务的行为是诉讼离婚中准予离婚的法定理由，无过错的配偶可以请求法院判决离婚。我国现行《婚姻法》第三十二条第三款明确规定，在诉讼离婚中，重婚或有配偶者与他人同居的，经法院调解后无效的，应准予离婚。

第二，婚姻中无过错方可以请求离婚损害赔偿。《婚姻法》第四十六条规定，因配偶一方重婚或与他人同居导致离婚的，无过错方有权请求损害赔偿。本案中，江海在婚姻期间多次出轨，属于过错方。因此陈美芝向法院提起离婚诉讼时，还可以请求损害赔偿。最终，法院判决离婚，陈美芝也得到了应有的赔偿。

夫妻之间的忠实义务是一夫一妻制的基本要求，也是婚姻幸福、家庭和谐的重要保障，任何一方都不能违背。此外，并不是所有因夫妻一方违背夫妻忠实义务的婚外性行为导致离婚的，另一方都得到损害赔偿。如果违背夫妻忠实义务的一方并未重婚或同居，仅是偶然一次或两次的出轨，对配偶造成的损害较为轻微，那么，即使无过错的配偶提出离婚损害赔偿要求，也不一定会得到法院的支持。

心理分析

在男女关系中，异性效应尤为明显，双方就像磁铁的两极，因为彼此的不同才产生了一种特殊的吸引力，促使双方接触、相恋，组建家庭。本案中，正是因为陈美芝从未涉猎过江海的生活，而江海也从没有体验过陈美芝的经历，才会让他们之间有了独特的吸引力，在这种吸引力的推动下，他们误以为遇见了爱情，能够缔结婚姻。

然而，爱情与柴米油盐的婚姻生活，在本质上还有着很大的不同。陈美芝与江海在家庭背景、学历、能力方面都相去甚远。陈美芝可以说是我们眼中的“乖乖女”，学习一贯不错，相貌也很好，家庭又非常和睦，成长背景和生活阅历都非常简单。可正是这份简单，才让她对未知世界充满好奇，又因为这份好奇心，让她在遇到江海时被他带来的未知世界蒙蔽了双眼和心智。与其说他们之间是爱情，还不如说是“好奇害死猫”，江海的丰富阅历俘获了陈美芝的芳心，而陈美芝的简单也深深地吸引了江海，换句话说，其实是陈美芝经历少、阅历浅，江海更容易迷惑和引导她。

而江海追求陈美芝的原因则更多的是为了满足自己的成就感和征服欲。从小父母离异、遭受继母薄待的成长经历使江海极度自卑，并由此导致他对女性产生了防御和鄙视心理，因此他难以理解和认同真正的爱情，在感情中缺乏安全感，对婚姻也没有长久的期待，不愿意承担婚姻的忠诚义务和家庭责任。而且，江海本人的条件非常一般，没有好的家庭背景，也没有高学历、好工作，这些都让他更加自卑。但他却凭借小聪明追求到了比自己优越很多的陈美芝，这极大地满足了他的虚荣心。他对陈美芝的情感并不是爱，而是占有欲和征服感，他想让所有人都艳羡自己娶了一个优秀的老婆。婚后出轨其实也是江海的虚荣心和自卑感在作祟，他觉得仅仅赢得陈美芝一个人的爱还不足以证明自己的男性魅力，他在陈美芝怀孕的时候出轨，并用她和父母的钱引诱 17 岁的女生，就是想证明，除了陈美芝外，还有很多女人爱自己。

江海的所作所为固然可恶，但是我们通过他的成长背景不难看出，事情的发生不是偶然，如果没有陈美芝的出现，还会有其他女性上当受骗。

值得庆幸的是，陈美芝发现江海出轨后，果断地调查取证，诉讼离婚，采取法律手段维护了自己的合法权益。从这个角度看，这段经历对她来说未尝不是一件好事，及时发现枕边人的恶行，用理智的方式尽快做出了断，只有这样她才能更好地保护自己的父母和孩子，也可以早点走出来，迎接新生。

在这个案例中，还有一个值得我们深思的问题，那就是必须关注单亲家庭的孩子。父母对婚姻不负责任的态度对孩子的一生都有可能会产生不良的影响，他们无法理解，甚至会觉得是因为自己不好才导致父母离婚。有时候，孩子对父母的爱比父母对孩子的爱要深很多，面对父母不和，他们会选择做替罪羊，希望父母的关系能好起来。如果父母没能如他们所愿和好，他们就会产生自卑感，继而走上歧途。所以即使夫妻感情不和，我们也不要忘记顾及孩子的感受。

法律链接

《中华人民共和国婚姻法》

第四条　夫妻应当互相忠实，互相尊重；家庭成员间应当敬老爱幼，互相帮助，维护平等、和睦、文明的婚姻家庭关系。

第三十二条　男女一方要求离婚的，可由有关部门进行调解或直接向人民法院提出离婚诉讼。

人民法院审理离婚案件，应当进行调解；如感情确已破裂，调解无效，应准予离婚。

有下列情形之一，调解无效的，应准予离婚：

（一）重婚或有配偶者与他人同居的；

（二）实施家庭暴力或虐待、遗弃家庭成员的；

（三）有赌博、吸毒等恶习屡教不改的；

（四）因感情不和分居满二年的；

（五）其他导致夫妻感情破裂的情形。

一方被宣告失踪，另一方提出离婚诉讼的，应准予离婚。

第四十六条 有下列情形之一，导致离婚的，无过错方有权请求损害赔偿：

（一）重婚的；

（二）有配偶者与他人同居的；

（三）实施家庭暴力的；

（四）虐待、遗弃家庭成员的。

2

弱女子以法为器，勇挣脱婚姻牢笼

法律故事

管丽（化名）迈着轻快的步伐走出法院的大门，抬头望了望湛蓝的天空，深深地吸了一口气后缓缓吐出，这时候的她就像一只重获自由的小鸟，终于挣脱了黑暗牢笼的束缚。

两小时前，管丽第二次站到法庭原告席，起诉自己的丈夫陈炳山（化名），要求离婚。哀莫大于心死，面对长期对自己施加家庭暴力、歧视自己生育女儿的丈夫，管丽早已心灰意冷，无论男方家庭如何阻挠，管丽都坚定地对自己说："这个婚我离定了！"

时间回到两人相识的学生时期。管丽与陈炳山曾就读于同一所学校，相识多年。初识时，陈炳山对管丽百般呵护，让她真真切切地感受到了爱情的甜蜜。在陈炳山的强烈攻势下，两人迅速建立了恋爱关系。管丽觉得能在茫茫人海中找到"那个对的他"，自己无疑是非常幸运的。2011 年 10 月，管丽与陈炳山步入了婚姻殿堂。

都说"恋爱虽易，婚姻不易"，恋人沉浸在爱情的世界里，是不需要考虑生活琐碎问题的，而婚姻中的两口子生活在现实中，却必须天天面对柴米油盐的各种小事。两人的婚后生活并没有管丽想象的那般美好，双方因性格与生活习惯等方面存在较大差距而经常闹别扭，陈炳山甚至一改结婚前谦谦君子的形象，动不动就对管丽拳打脚踢。

2012 年 12 月，天空下着鹅毛大雪，伴随着响亮的婴儿啼哭声，管丽与陈炳山的女儿出生了。十月怀胎，一朝分娩。刚刚生育完的女人是最脆弱的，最需要爱人及家人的关心和抚慰，但陈炳山不仅没有表现出一丝关心，反而在母亲的“教导”下，对管丽的厌恶之情与日俱增。按理说，孩子的降生对于一个家庭来说是无比高兴的事情，但重男轻女的腐朽思想在陈炳山及其母亲心里根深蒂固，这个女孩的到来无疑使夫妻俩本就如履薄冰的关系雪上加霜。

2013 年 10 月的一天，管丽因为身体不适没有做饭，婆婆竟对她破口大骂，不留一点情面，甚至把她的父母也牵涉了进来。管丽对这样的情景可以说是司空见惯了，每次她都咬牙忍下，但她听到自己的父母竟然也遭到辱骂，实在咽不下这口恶气，便起身反驳了婆婆几句。陈炳山见妻子胆敢与母亲顶嘴，二话不说，上来就对管丽一顿毒打。管丽一副弱小的身躯哪经得住这般虐待，她拖着病体，艰难地来到医院检查，最终被确诊为“右肘软组织挫伤”。

长期的辱骂和毒打，别说是幸福，管丽连一个人最起码的尊严都被磨灭殆尽。2014 年 1 月 1 日的新年之夜，管丽再也无法承受这样的摧残，毅然离开带给自己无尽痛苦的丈夫，孤身一人去了广州。

“江山易改，本性难移。”管丽的离开并没有唤醒婆家人的良知，他们反而为了自家的颜面到处出言不逊，侮辱管丽和她的父母，还造谣说管丽是因为在广州有了情人才抛家弃室，远走他乡。管丽意识到，不管自己逃到哪里，只要还是陈炳山的妻子，他们就不会放过自己和家人。于是，管丽回到老家，起诉陈炳山，要求离婚。男方一家不同意离婚，声称：“你不让我好过，我也不让你好过！”管丽没有退缩，她相信法律会还自己一个公道，离婚的信念在她心中早已坚定无比。一年后，管丽再次从广州回到老家，第二次起诉离婚。虽然婆家人还是继续阻挠，但法院最终判决准予离婚。管丽在经历了将近三年的打压折磨后，终于走出了黑暗，重新拥抱属于自己的明天。

律师说法

本案主要涉及家庭暴力问题。我国《婚姻法》第三条第二款明确规定：“禁止家庭暴力。禁止家庭成员之间的虐待和遗弃。”所谓家庭暴力，根据我国《反家庭暴力法》第二条的规定，是指家庭成员之间以殴打、捆绑、残害、限制人身自由以及经常性谩骂、恐吓等方式实施的身体、精神等侵害行为。由此可见，家庭暴力具有以下特征：（一）施暴主体是家庭成员或共同生活的人；（二）行为方式是具有多样性的，除了捆绑、残害、殴打等身体暴力外，也包括经常性的谩骂等精神暴力。本案中，陈炳山对管丽进行殴打，陈母经常谩骂，甚至大打出手，这些都是施暴行为，可以被认定为家庭暴力。

我国《婚姻法》第三十二条第二款及第三款第二项明确规定："人民法院审理离婚案件，应当进行调解；如感情确已破裂，调解无效，应准予离婚。有实施家庭暴力或虐待、遗弃家庭成员的行为，人民法院调解无效的，应准予离婚。"由此可见，家庭成员之间实施家庭暴力，是法院应当判决准予离婚的法定情形之一。在本案中，管丽因丈夫与婆婆经常对她实施家庭暴力，向法院起诉离婚。法院应当依据法律规定，判决准予离婚。另外，根据《婚姻法》第四十六条第三款规定，管丽作为家庭暴力中的受害方可以向施暴的陈炳山要求离婚损害赔偿。

对于家庭暴力的救济措施及法律责任，我国《婚姻法》第四十三条作出了明确规定："实施家庭暴力或虐待家庭成员，受害人有权提出请求，居民委员会、村民委员会以及所在单位应当予以劝阻、调解。对正在实施的家庭暴力，受害人有权提出请求，居民委员会、村民委员会应当予以劝阻；公安机关应当予以制止。实施家庭暴力或虐待家庭成员，受害人提出请求的，公安机关应当依照治安管理处罚的法律规定予以行政处罚。"我国《反家庭暴力法》第二十三条也规定："当事人因遭受家庭暴力或者面临家庭暴力的现实危险，向人民法院申请人身安全保护令的，人民法院应当受理。当事人是无民事行为能力人、限制民事行为能力人，或者因受到强制、威吓等原因无法申请人身安全保护令的，其近亲属、公安机关、妇女联合会、居民委员会、村民委员会、救助管理机构可以代为申请。"据此可知，在本案中，管丽在遭受丈夫与婆婆的家庭暴力时，不是只有逃避这一办法，她还可以向当地的居民委员会或者公安机关请求帮助，或向法院申请人身安全保护令。

此外，我国《反家庭暴力法》第十六条还规定："家庭暴力情节较轻，依法不给予治安管理处罚的，由公安机关对加害人给予批评教育或者出具告诫书。告诫书应当包括加害人的身份信息、家庭暴力的事实陈述、禁止加害人实施家庭暴力等内容。”因此，当遭遇家庭暴力时，受害人可以报警并要求警察出具《告诫书》，从而对施暴者产生阻遏作用。并且，如果将来离婚，《告诫书》就是遭遇家暴的证据，对于受害人在离婚时争取孩子抚养权、争取财产权益会有很大的帮助。

心理分析

家庭暴力不仅仅表现为在家庭生活中，一方对另一方身体上的殴打、捆绑、监禁、残害，也包括用语言使受害者遭受精神上的痛苦。在西方国家，反家暴人士主张对家暴零容忍，所有的施暴者都必须受到法律的严惩。尽管我国 2016 年 3 月 1 日正式实施了《反家庭暴力法》，但似乎民众的观念还没有扭转，家庭暴力在很多家庭仍旧存在，并且受害者还往往习惯于忍气吞声。案例中的管丽就是这样一名受害者。

管丽与陈炳山相识于学生时期，双方应该对彼此非常了解，但管丽在婚前只看到了陈炳山“暖男”的外表，而忽略了他暴躁的脾气。当他们婚后因为性格与生活习惯存在较大差距而闹别扭，陈炳山对管丽进行拳打脚踢时，管丽就应该勇敢地说“不”，甚至可以求助妇联或者报警，但管丽选择了忍受和沉默。因此，陈炳山内心认定管丽软弱、好欺负，于是越发变本加厉了。

也许管丽以为孩子出生后，丈夫会有所收敛。但令她没有想到的是，陈炳山一家有着非常严重的重男轻女思想，随着女儿的出生，他们对管丽的厌恶情绪与日俱增，女儿不但没有缓和他们的夫妻矛盾，反而使得本就如履薄冰的夫妻关系雪上加霜。婆婆对管丽也是冷言冷语，仅仅因为她身体不适没有做饭就对她破口大骂，甚至把管丽的父母也牵涉进来。面对这样的谩骂，管丽习惯性地选择咬牙忍下，但由于这次婆婆连她的父母也一起侮辱，便反驳了几句。可就是这几句反驳，管丽又遭到了丈夫的一顿毒打，以至于被医院确诊为“右肘软组织挫伤”。如果这时管丽选择了爆发和求助，那么她至少还有一丝尊严，可是面对如此严重的家暴，管丽仍然选择了默默承受。

忍无可忍时，管丽没有选择离婚，而是孤身一人去了广州。但管丽的逃离并没有唤醒丈夫陈炳山及其家人的良知，他们反而为了自家的颜面到处出言不逊，侮辱管丽及其家人。直到此时，管丽才突然觉醒，她在这个家里毫无幸福可言，连最起码的尊严都已经被磨灭，如果继续留在这里，婆家人给她的只能是无尽的辱骂和毒打。

反观以"暖男"形象出现的陈炳山，在婚后甚至妻子坐月子期间，都没表现出作为丈夫应有的责任心和爱心，反而在母亲的"教导"下，对妻子日渐厌恶，打骂升级。陈炳山的种种行为表明其具有严重的暴力倾向，而他在人格上的退行表现就像一个"巨婴"，缺乏独立思考和判断的能力，对母亲严重依赖，是名副其实的"妈宝男"。

当妻子无法忍受家暴逃离到广州后，陈炳山仍然没有认识到问题的严重性，没有直面自己心理上的问题，反而到处造谣生事，指责妻子的种种不是，侮辱她和家人。当妻子不得已提出离婚后，陈炳山不但不同意，反而出言威胁。从这一系列行为中，我们不难看出陈炳山情商的缺乏：一方面是人际沟通方式简单、粗暴，思维方式混乱、冲突，不会协调夫妻关系和婆媳关系；另一方面是没有及时转变家庭角色，不懂得丈夫对妻子应尽的责任和义务，过度保护母亲。

此外，陈炳山之所以敢对管丽接二连三地实施家暴，还缘于他在家庭关系中对弱者的不尊重和强烈的控制欲，也就是"大男子"主义。如果管丽第一次对丈夫的家暴就进行反抗，陈炳山就不会变本加厉地欺负她，然而，生活无法重演，他们共同导致了婚姻的悲剧。

管丽与陈炳山之间的爱早已在家暴的纷争中烟消云散。不在沉默中爆发，就在沉默中消亡。还好，最后管丽选择了"爆发"，逃离了苦海。面对家暴，我们只有勇敢说不，主动沟通，才能找到解决家暴问题的钥匙，才能平衡好夫妻关系，经营好婚姻生活。如果难以改变，不如尽早拿起法律的武器来保护自己，告别过去的感情，开启新的生活。

法律链接

《中华人民共和国婚姻法》

第三十二条 男女一方要求离婚的，可由有关部门进行调解或直接向人民法院提出离婚诉讼。

人民法院审理离婚案件，应当进行调解；如感情确已破裂，调解无效，应准予离婚。

有下列情形之一，调解无效的，应准予离婚：

（一）重婚或有配偶者与他人同居的；

（二）实施家庭暴力或虐待、遗弃家庭成员的；

（三）有赌博、吸毒等恶习屡教不改的；

（四）因感情不和分居满二年的；

（五）其他导致夫妻感情破裂的情形。

一方被宣告失踪，另一方提出离婚诉讼的，应准予离婚。

《中华人民共和国反家庭暴力法》

第二条 本法所称家庭暴力，是指家庭成员之间以殴打、捆绑、残害、限制人身自由以及经常性谩骂、恐吓等方式实施的身体、精神等侵害行为。

第十六条 家庭暴力情节较轻，依法不给予治安管理处罚的，由公安机关对加害人给予批评教育或者出具告诫书。

告诫书应当包括加害人的身份信息、家庭暴力的事实陈述、禁止加害人实施家庭暴力等内容。

第二十三条 当事人因遭受家庭暴力或者面临家庭暴力的现实危险，向人民法院申请人身安全保护令的，人民法院应当受理。

当事人是无民事行为能力人、限制民事行为能力人，或者因受到强制、威吓等原因无法申请人身安全保护令的，其近亲属、公安机关、妇女联合会、居民委员会、村民委员会、救助管理机构可以代为申请。

3

为生计远赴重洋，奈寂寞拖垮夫妻

法律故事

“嘟嘟嘟，嘟嘟嘟……”一阵视频通话的提示音持续传来，孟玉琪（化名）从厨房走出，快速擦了擦手上的水，向电脑方向走去。请求视频的人是她的丈夫李辉（化名），自从他远赴澳洲工作后，二人仅有的联系就只能通过视频通话实现。

说起孟玉琪与李辉的相遇，多少有些机缘巧合。他们相识于同一位朋友组织的一场饭局上，一见如故。李辉被女方举手投足间的端庄大气所吸引，孟玉琪则因为两人是老乡的缘故对男方多了几分好感。一来二去，在李辉的猛烈追求下，孟玉琪的芳心被俘获，很快和他确立了恋爱关系。一年后，二人步入了婚姻殿堂。

婚后，孟玉琪的生活很规律，朝九晚五，单位和家两点一线。但李辉却不是很稳定，他辞掉了工作开始自己创业。为了招揽生意，李辉经常四处奔波，到处应酬，每天不是凌晨才回家，就是喝得烂醉，一身酒臭味。但造化弄人，李辉的公司最终还是倒闭了。

公司倒闭后，全家人的生活只靠孟玉琪一人的收入维持，很是吃力，而李辉也不愿落得“吃软饭”的嫌疑，便四处打听工作。一次偶然的机会，李辉从老乡那儿听说澳洲工作机会多，而且薪资高，很是心动。他想自己正值壮年，正是打拼的好时机，多赚些钱可以让家人生活得好一点，主要还能减轻妻子的负担。于是他赶紧回到家，与妻子商量此事。

孟玉琪得知这个消息后，一开始非常抵触。试问，天下哪一个妻子愿意与丈夫两地分居，独守空房呢？但理想很丰满，现实很骨感。夫妻二人有两套房子需要还房贷，而孩子出生后需要用钱的地方也越来越多，孟玉琪一个人的工资必然是入不敷出。孟玉琪在现实面前逐渐败下阵来，无奈之下同意丈夫远赴澳洲工作。

李辉刚到澳洲时，拿到工资后每月都会定期往家里汇钱，每周也会通过视频与妻儿联系，排遣自己在异国他乡的孤独，诉说对妻儿的思念。但再多的甜言蜜语也不如一个大大的拥抱来得实在，久居他乡的孤独也不是仅靠几次冷冰冰的视频聊天就能解决的。李辉终日寂寞难耐，孤枕难眠。

果真，好景不长，一年后，李辉渐渐不再找妻子视频，有时说自己工作忙，有时干脆避而不谈。开始，孟玉琪并没有怀疑，心想丈夫每天在外操劳也实属不易。但慢慢地，李辉汇给家里的钱越来越少。有那么几次，孟玉琪与丈夫视频时，发现丈夫身边好像有一个年轻女人的身影，并且每次都感觉他欲言又止，好像有什么事情在瞒着自己。又过了一年，在与丈夫视频时，孟玉琪有时竟能听到婴儿啼哭的声音。女人的第六感告诉她，大事不妙……

在孟玉琪的追问下，李辉最终承认自己出轨。他解释说，因为自己长年身处异国他乡，实在孤独寂寞，情感得不到寄托，生理需求也无法满足。在一次宿醉后就出轨了，之后不得已才与对方住到了一起，后来又生育了孩子。

孟玉琪怎么也没有想到，自己当初做出同意丈夫出国工作的决定，竟落得如此结果。万念俱灰的孟玉琪提出离婚。李辉因为理亏，同意离婚，并将夫妻共有的两套房屋之中价值较高的一套给了孟玉琪，自己保留了价值较低的一套。对于两人的孩子，也同意归孟玉琪抚养。

律师说法

本案主要涉及准予离婚的法定情形以及离婚损害赔偿的问题。我国《婚姻法》第三十二条中规定："男女一方要求离婚的，可由有关部门进行调解或直接向人民法院提出离婚诉讼。人民法院审理离婚案件，应当进行调解；如感情确已破裂，调解无效，应准予离婚。有下列情形之一，调解无效的，应准予离婚：（一）重婚或有配偶者与他人同居的……"由此可知，有配偶者与他人同居属于法院判断夫妻感情破裂的情形之一。一夫一妻制是我国基本婚姻制度。为保障这一制度，维护社会伦理，法律禁止重婚及有配偶者与他人同居。根据我国《最高人民法院关于适用〈中华人民共和国婚姻法〉若干问题的解释（一）》第二条的规定以及婚姻法第三条、第三十二条、第四十六条规定的“有配偶者与他人同居”的情形，是指有配偶者与婚外异性，不以夫妻名义，持续、稳定地共同居住。也就是说，认定“有配偶者与他人同居”必须具备以下几个条件：（一）同居的双方或一方是有配偶者；（二）同居的对象是婚外异性，而不是同性；（三）同居者之间不以夫妻名义相称；（四）同居者共同生活必须是持续、稳定的。在本案中，李辉已经与孟玉琪结婚，但在国外工作期间，与婚外异性长时间不以夫妻名义共同居住，符合“有配偶者与他人同居”的情形。所以，即便李辉不同意离婚，如果孟玉琪提起诉讼，法院也会支持她的诉讼请求，判决两人离婚。

此外，“有配偶者与他人同居”不仅是法院判决准予离婚的法律依据之一，也是离婚损害赔偿的法定理由之一。根据我国《婚姻法》第四十六条第二项的规定，有配偶者与他人同居，导致离婚的，无过错方有权请求损害赔偿。同时，我国《最高人民法院关于人民法院审理离婚案件处理财产分割问题的若干具体意见》中明确规定：“人民法院审理离婚案件对夫妻共同财产的处理，应当坚持照顾无过错方的原则。”在本案中，李辉将价值较高的房屋留给了孟玉琪是合理的。因为李辉属于过错方，在分割夫妻共同财产时应当照顾无过错方，更多地分给孟玉琪。另外，孟玉琪还可以据此向李辉要求离婚损害赔偿。

婚姻期间，夫妻双方应当恪守忠实义务，不得与婚外异性同居。否则婚姻中忠实的一方有权起诉离婚，要求出轨者赔偿损失，并在共同财产分割中获得更多的份额。

心理分析

相遇容易相识难，相识容易相爱难，相爱容易相守难。男女双方从相遇到相知，再从相知到相恋，最终组建家庭，是非常难得的，也是非常值得珍惜的。男女双方一旦步入婚姻殿堂，就要尽心经营，尽力维系，彼此关心，互相理解，共同成长，千万不要像案例中的孟玉琪一样，对“丧偶式”婚姻熟视无睹，因为自己的淡漠葬送了家庭。

按理说，孟玉琪的生活应该非常幸福，与老乡一见如故，继而相恋成婚，但她忽视了丈夫的情感需求。两人在性格上有着很大不同，外在的表现就是孟玉琪的生活很规律，朝九晚五，单位和家两点一线；但李辉却敢拼敢闯，不安于现状，先是辞职创业后来又远赴澳洲打工。二人在聚少离多的情况下，如果孟玉琪能多关心丈夫，他们的婚姻也不至于走向终结。但是，孟玉琪既贪恋丰厚的物质，又缺乏经营情感之道。当李辉说出，养育孩子用钱越来越多，不想让妻子一人负担家庭开支、偿还两套房贷时，证明他已经感到了巨大的经济负担和精神压力。此时他内心非常希望妻子能宽慰自己，说些如“只要夫妻团圆，少赚点钱也能接受”之类的话。如果孟玉琪把家庭放在第一位，决定供养一套房子的话，即使收入低，也能其乐融融。可是，她把物质放在了第一位，选择同意丈夫外出打工。当李辉远赴澳洲工作后频繁与妻儿联系，以排遣自己一人在外的孤单，诉说对家庭的思念时，如果孟玉琪懂得如何经营夫妻感情和家庭生活，她应该意识到丈夫的情感和生理需求，多关心丈夫，表达自己对丈夫的思念之情，甚至要求丈夫回国，可是，直到她听到婴儿啼哭的声音后，凭着直觉才如梦初醒。

当然，婚姻的破裂并非孟玉琪一个人的责任，李辉在异国他乡也没能很好地约束自己。不可否认，李辉是一位非常勤奋、比较有责任心和敢于担当的男性，否则他不会辞职创业，到处应酬喝得烂醉，经常凌晨才回家，也不会在创业失败后立即寻找高薪工作。起初，他非常尊重和爱护妻子，主动跟妻子商量外出工作的事情。刚到澳洲后，他依旧热爱自己的妻子和家庭，每月拿到工资后都定期往家里汇钱，每周也会通过视频与妻儿联系。但是，面对冷冰冰的视频聊天和不懂得关心自己的妻子，他在一次宿醉后出轨了，“之后不得已”又与对方同居，直至生育了孩子。这时，他早已把妻儿抛于脑后，丧失了对家庭的爱和责任。

没有关心、爱护和理解，距离产生的不是美，而是对彼此的淡漠，对家庭的忽视。离婚后，孟玉琪确实有了物质财产，却没有了爱和完整的家庭，而李辉在异国他乡也充满了对妻儿的愧疚。希望每个组建了家庭的男男女女，都能对彼此多一点宽容和呵护，经营好自己的幸福家庭。

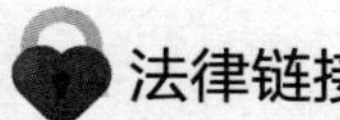

法律链接

《中华人民共和国婚姻法》

第三十二条　男女一方要求离婚的，可由有关部门进行调解或直接向人民法院提出离婚诉讼。

人民法院审理离婚案件，应当进行调解；如感情确已破裂，调解无效，应准予离婚。

有下列情形之一，调解无效的，应准予离婚：

（一）重婚或有配偶者与他人同居的；

（二）实施家庭暴力或虐待、遗弃家庭成员的；

（三）有赌博、吸毒等恶习屡教不改的；

（四）因感情不和分居满二年的；

（五）其他导致夫妻感情破裂的情形。

第四十六条　有下列情形之一，导致离婚的，无过错方有权请求损害赔偿：

（一）重婚的；

（二）有配偶者与他人同居的；

（三）实施家庭暴力的；

（四）虐待、遗弃家庭成员的。

《最高人民法院关于适用〈中华人民共和国婚姻法〉若干问题的解释（一）》

第二条　婚姻法第三条、第三十二条、第四十六条规定的“有配偶者与他人同居”的情形，是指有配偶者与婚外异性，不以夫妻名义，持续、稳定地共同居住。

自卑生恶根，暴虐断情缘

法律故事

《红楼梦》中的林黛玉初入贾府时，就给自己定下了严格戒律：“步步留心，时时在意，不轻易多说一句话，多行一步路。”林家与贾府的门第差异、寄人篱下的自卑生活，造成了黛玉多愁善感的性格，且自尊心有些偏执。可见，一个人的自卑心理确实会对其人格的塑造产生一定的影响。

我们的男主人公郑超（化名），也正是在这种长期颠沛流离的寄居生活中长大的。郑超出生在一个农民家庭，父母文化程度不高，并且脾气暴躁，只要郑超表现得稍微不顺他们的意，就会遭到责备和毒打。郑超九岁时，随母亲迁居广州，先后寄居在哥哥和姐姐家中，由哥姐共同抚养长大。他幼小的心灵在父母的打骂和寄人篱下的生活中变得千疮百孔，人格也日渐变得扭曲、暴戾。

郑超头脑很聪明，高考时顺利考上了一所知名高校，大学毕业后在广州工作。在工作中，郑超遇到了张琳（化名）。张琳自幼在部队大院长大，后来去欧洲留学读了研究生，是大家眼中公认的“别人家的孩子”。都说相由心生，良好的生长环境造就了张琳出众的气质。家庭条件优越、气质出众、外形良好、收入高，这些对出身贫寒的郑超来说都具有满满的吸引力，于是郑超对张琳展开了疯狂追求。张琳抵不住郑超的糖衣炮弹，不久两人就发展成了一对热恋中的小情侣。

但郑超浸到骨子里的自卑感让他十分缺乏安全感，他总觉得张琳随时会离自己而去，于是故意让张琳怀孕，想以此来拴住张琳。而这一招也确实奏效，在张琳怀孕后，两人就去民政局办理了结婚手续。

就算结了婚，郑超的自卑感也未减分毫，反而经常无故斥责妻子，以此来维护自己所谓的自尊心，还动不动就威胁妻子要与其离婚、逼迫其堕胎。张琳苦口婆心地劝说郑超，提醒他吵架对胎儿的发育不好，可没承想，张琳得到的却是一句“小孩生出来有病的话，最多一人出一半治疗费”的无情回答。更甚者，张琳在怀孕八个月时，因为一些鸡毛蒜皮的琐事未满足丈夫的要求，便遭到了一顿拳打脚踢，造成软组织挫伤。眼看分娩在即，张琳不想再出什么岔子，就搬到了娘家养胎。

张琳顺利产下一子后，回到丈夫家中坐月子。生孩子对于女人来说是一生中最耗费精力和体力的事情，如果分娩后不能好好调养，很可能会留下后遗症，日后很难根治。而就是这段尤其需要丈夫关心与照顾的时期，张琳还是经常会遭到丈夫的斥责。郑超经常责备她每天躺在床上游手好闲，不做家务。

张琳母亲担心女儿，每隔一两天就来给女儿煲汤。极端大男子主义的郑超有时甚至对自己的丈母娘喊打喊杀，有一次还偷偷用气枪袭击她，事后反而污蔑是对方先出手打人。郑超还造谣儿子不是自己的亲生骨肉，对张琳及其母亲造成了严重的名誉损害。而这些也并不奇怪，毕竟郑超曾把自己的亲生父亲打到骨折，至今都未道歉。

张琳实在不愿再承受身体和心灵上的双重折磨，月子还没坐完就回到了娘家，但是也没能消停，郑超恶人先告状，带着警察找上了门，在门外大声污蔑张琳母亲曾经打过自己，要求民警缉拿她。他还用手机拍下整个过程，发到了自己的微信朋友圈，再次诋毁张琳及其母亲。

张琳对郑超的感情在一次次的争吵和打闹中就这么消磨殆尽了。在孩子半岁时，张琳起诉离婚，并要求由自己抚养孩子。而郑超根本不关心孩子，也不愿意跟孩子一同生活。最终，法院判决两人离婚，孩子由女方抚养。

律师说法

本案涉及家庭暴力问题。我国法律明确规定禁止家庭暴力，根据《反家庭暴力法》的相关规定，本案中，张超对妻子拳打脚踢造成软组织挫伤、语言责备造成精神上的伤害，用气枪袭击岳母的行为都属于家庭暴力。张琳在孕期遭受家庭暴力之后选择回到娘家的做法，虽然暂时避免了遭受家庭暴力，但是并没有从根本上解决问题。对于郑超的种种行为，张琳应及时采取措施，以防止他再对自己及家人实施暴力。

在遭受家庭暴力时，受害者可以采取的措施包括：（一）向加害人或者受害人所在单位、居民委员会、村民委员会、妇女联合会等单位投诉、反映或者求助；（二）向公安机关报案，要求对家暴者给予批评教育或者出具告诫书；（三）向人民法院起诉申请人身安全保护令。

张琳在遭受郑超的家庭暴力之后，如果及时采取了必要措施（如报案、申请人身安全保护令），可能就不会再出现郑超不停地骚扰和暴力的行为。根据《反家庭暴力法》第十六条的规定，家庭暴力情节较轻，依法不给予治安管理处罚的，由公安机关对加害人给予批评教育或者出具告诫书。根据《反家庭暴力法》第二十九条的规定，人身安全保护令包括下列措施：（一）禁止被申请人实施家庭暴力；（二）禁止被申请人骚扰、跟踪、接触申请人及其相关近亲属；（三）责令被申请人迁出申请人住所；（四）保护申请人人身安全的其他措施。故张琳应及时向公安机关报案，或向法院申请人身安全保护令，一旦公安机关出具《告诫书》，或法院裁定发出《人身安全保护令》，则郑超的家庭暴力行为就会有所限制。

另外，我国《民法总则》第一百一十条第一款规定："自然人享有生命权、身体权、健康权、姓名权、肖像权、名誉权、荣誉权、隐私权、婚姻自主权等权利。"郑超发微信朋友圈诋毁妻子和岳母的行为，侵犯了她们的名誉权。对此，张琳和母亲可以向法院提起侵权之诉，维护合法权利。

在张琳向法院起诉离婚之后，因两人感情已经破裂并且郑超存在家庭暴力的行为，法院判决两人离婚。同时，对于两人子女的抚养问题，根据我国法律的规定，子女不满两周岁的，原则上由母亲抚养，只有在特殊情况下，才归男方抚养。由于郑超一直对孩子漠不关心，也未要求抚养孩子，加上孩子还未满两周岁，最后法院依法判决孩子由张琳抚养。

为了维持和谐、稳定的家庭关系，夫妻之间应该互相尊重，互相理解，但是，尊重和理解并不包含对暴力、侮辱等行为的忍受。当遇见家庭暴力、侮辱、威胁行为时，受害一方应该及时向有关部门进行求助，采取必要的法律措施。

心理分析

自古以来，男女双方在谈婚论嫁的时候都讲究门当户对，“门不当，户不对”的婚姻注定是很艰难的。案例中男女双方的家庭背景可谓天壤之别。郑超从小过着寄人篱下的日子，还经常被父母毒打，因此他的性格会很自卑、压抑，缺乏安全感。所以郑超既渴望美好的人和生活，但又因自卑觉得自己不配拥有。而张琳家庭背景优越，生活富足，有国外留学经历，形象好，气质佳，收入可观，但因感情经历简单，在谈恋爱时才容易被郑超迷惑，没能觉察到两人相差悬殊的家庭文化和价值观念。他们两个的结合是典型的“凤凰男和城市女”组合。

在郑超看来，张琳就像一件高端的艺术品。被张琳的气质深深地吸引之后，郑超经过锲而不舍的追求，终于打动了她，两人堕入情网。但与此同时，张琳也带给郑超一定的冲击，使他像贫穷的乞丐看到一桌满汉全席，渴望每天都能吃到这么丰盛的一餐。于是郑超使用手段，让张琳怀孕，加速了结婚的节奏。但真的结婚以后，郑超发现自己无福消受这样的盛宴，他会消化不良，会有各种不适症状，这样优越的生活方式对于张琳来说可能是一种享受，但对于郑超而言就是一种折磨，让他痛不欲生。郑超内心匮乏，无法忍受女方优越富足的生活方式。

对于郑超来说，张琳与生俱来的优越感就像“毒品”一样，非常具有吸引力，但它所带来的副作用也是难以承受的。这种副作用就是张琳成长于富裕的家庭，优雅的生活方式以及高贵的谈吐都会让郑超极度的自卑。他无法面对自己内心的恐惧，只能以故意挑剔的方式去刺激张琳，企图激怒她，让她与自己对骂，丢掉优雅端庄的样子，只有这样他才能觉得两人是同类人，自己可以与张琳相配。但令郑超没想到的是，张琳家教很好，丝毫不受他的影响，这让他非常挫败。郑超不甘心，于是想尽一切办法去刺激张琳及其父母。

郑超的这种做法损人不利己，令人费解。但从他的行为中，我们可以察觉到郑超的心虚。因为他内心不够强大，所以他自卑又胆小，只能选择带着警察找张琳及其父母的麻烦，甚至拍视频发朋友圈，欺骗警察和群众，用舆论的力量来弥补自己的自尊。在郑超的潜意识里，觉得自己不配拥有幸福，所以千方百计毁掉自己本该拥有的幸福，他的行为只能导致不幸，让自己活在贫乏和无望里。

张琳这样优秀的女性遇到郑超这样的“凤凰男”是不幸的，但好在她是一个勇敢的人，在孩子半岁时，起诉离婚，并通过法院判决争取到了孩子的抚养权，这对双方和孩子来说都是相对好的结果。经过这一段失败的婚姻，张琳必会有所成长，正所谓“经一事，长一智”。相信张琳有了这么深刻的体验之后，未来在选择配偶时必定会更加谨慎，这对她来说未尝不是一件好事。

原始的石头要经过打磨才能发现里面蕴含的宝石，人也要经历岁月的磨炼才能成为有智慧的人。每一个经历磨难的人，最终都能学会如何保护自己、孩子和家人。

法律链接

《中华人民共和国反家庭暴力法》

第二条 本法所称家庭暴力，是指家庭成员之间以殴打、捆绑、残害、限制人身自由以及经常性谩骂、恐吓等方式实施的身体、精神等侵害行为。

第十三条 家庭暴力受害人及其法定代理人、近亲属可以向加害人或者受害人所在单位、居民委员会、村民委员会、妇女联合会等单位投诉、反映或者求助。有关单位接到家庭暴力投诉、反映或者求助后，应当给予帮助、处理。

家庭暴力受害人及其法定代理人、近亲属也可以向公安机关报案或者依法向人民法院起诉。

单位、个人发现正在发生的家庭暴力行为，有权及时劝阻。

第十六条 家庭暴力情节较轻，依法不给予治安管理处罚的，由公安机关对加害人给予批评教育或者出具告诫书。

告诫书应当包括加害人的身份信息、家庭暴力的事实陈述、禁止加害人实施家庭暴力等内容。

第二十九条　人身安全保护令可以包括下列措施：

（一）禁止被申请人实施家庭暴力；

（二）禁止被申请人骚扰、跟踪、接触申请人及其相关近亲属；

（三）责令被申请人迁出申请人住所；

（四）保护申请人人身安全的其他措施。

《中华人民共和国民法总则》

第一百一十条　自然人享有生命权、身体权、健康权、姓名权、肖像权、名誉权、荣誉权、隐私权、婚姻自主权等权利。

法人、非法人组织享有名称权、名誉权、荣誉权等权利。

第三章

钱的事，说大也大说小也小

1

再婚创业遭算计，分割财产吃大亏

法律故事

苏志城（化名）又在网上刷着各种贴吧，看着各种段子……自从离婚以后，他除了经营自己的皮具厂，就是百无聊赖地泡在网上，幻想着能再遇到一个女人共度余生。不久，缘分就来了。苏志城在网上认识了一位美女，在网聊了一段时间后，他觉得自己找到了真爱，对美女关怀备至，不久两人就确定了恋爱关系。

美女名叫江曼舒（化名），人美名字也美，从事美容整容工作，也是个离婚的女人。苏志城和江曼舒都是单身，也都不甘寂寞，他们确定恋爱关系后马上就同居了，不久又去民政局领了结婚证。

结婚以后，江曼舒让苏志城和自己一起开美容整容院，苏志城已经爱得无法自拔，固然是她说啥就是啥。于是，苏志城把自己的皮具厂交给弟弟经营，自己和江曼舒一起开了一家美容整容院。

可谓男女搭配干活不累，在经营美容整容院的过程中，江曼舒主要负责联系美容整容的客户，带领员工到国外学习，带客户到外国进行高端美容整容手术等，苏志城则负责美容整容院的内部管理、培训等事务。在苏志城和江曼舒的配合下，美容整容院的效益非常好，每年能达到300万元的利润。因为主要是江曼舒和客户对接，所以美容院客户转来的钱大部分都转入了她的账户，而美容院所有的开销却是由苏志城负担。但是，苏志城并没有觉得有何不妥，他认为毕竟都是一家人，何况自己还深爱着江曼舒。

美容整容院的生意越做越大，江曼舒接触的人和事也越来越广。渐渐地，江曼舒的管理理念和想法等与苏志城出现了分歧，两人开始为各种琐事吵架。江曼舒本来就是一个非常强势的女人，无法忍受别人反驳自己，对自己的丈夫更是如此。她开始嫌弃苏志城办事老套、死板、木讷，甚至鄙视苏志城的工作能力，觉得他不如自己有外场、会办事，完全看不到他为美容整容院所做的牺牲和贡献。苏志城也无法容忍江曼舒的霸道、鄙视、不讲理。二人越吵越凶，甚至大打出手。江曼舒一气之下离家出走，带走了优质客户和美容整容院的优秀员工，另起炉灶重新开了一家美容整容院。苏志城苦心经营的美容整容院在一夜之间成了一个空壳，效益一落千丈，开始出现亏损。对于江曼舒的行为，苏志城十分气愤，他想找江曼舒算账，却无论如何也联系不上。

苏志城本以为自己找到了真爱，却不曾想落得如此下场。就在他失望透顶时，发现了江曼舒偷偷给她自己的孩子买的保险。苏志城开始回想，结婚的时候，他们都各自带着一个孩子。几年来，苏志城对两个孩子一视同仁，毫无偏袒，可是江曼舒却从来没把苏志城的孩子当作自己的孩子，一直冷眼相对。在给孩子买保险的事情上，她竟然还偷偷地单独给自己的孩子买。看到江曼舒如此无情，苏志城果断决定要和她离婚。苏志城心里盘算着，这么多年，自己为江曼舒付出了很多，自己应得的财产，一分钱也不会给她。

苏志城开始计算和整理夫妻财产，结婚几年，加上房产、汽车和美容整容院的利润，两人的财产大概有2000万元。苏志城觉得自己至少也能得到一半的财产，于是向法院起诉离婚，并要求分割财产。但是，苏志城没有预料到的是，江曼舒竟会如此算计自己！结婚以后，她把这些年美容整容院存在自己卡里的钱，转走了大半，只留下为数不多的一点资金。苏志城知道这里面有猫腻，不合理，但是他没有任何的证据能够证明江曼舒转移了财产。法院只能根据已经查明的财产进行了分割。苏志城最后只得到了价值700万元的财产。

律师说法

本案中主要涉及离婚时夫妻共同财产的分割问题。根据《婚姻法》第十七条的规定，夫妻在婚姻关系存续期间所得的生产、经营的收益，归夫妻共同所有。当前，我国的夫妻财产制度采用婚后所得共同制，即婚姻关系存续期间所得的财产，在没有作出特别约定的情况下，原则上归夫妻双方共同所有。在离婚时，要对这些财产进行分割，一般情况下双方将各分得一半。本案中，苏志城与江曼舒婚后共同经营美容整容院所得的全部经营收益，都应当属于夫妻共同财产。

在现实生活中，有些婚姻中的一方为了得到更多的财产，会在离婚前（指夫妻感情有矛盾，但没有达到法律认可的夫妻感情破裂，而且正在离婚过程中）对自己掌握的共同财产进行转移。为了预防和制止这种行为的发生，我国现行《婚姻法》第四十七条第一款规定："离婚时，一方隐藏、转移、变卖、毁损夫妻共同财产，或伪造债务企图侵占另一方财产的，分割夫妻共同财产时，对隐藏、转移、变卖、毁损夫妻共同财产或伪造债务的一方，可以少分或不分。离婚后，另一方发现有上述行为的，可以向人民法院提起诉讼，请求再次分割夫妻共同财产。"据此可知，在离婚时（指离婚过程中，不是离婚前）如果夫或妻一方有隐藏或转移夫妻共同财产的行为，则在分割财产时法院会判决其少分或者不分财产。本案中，江曼舒有转移财产的行为，理应少分或不分共同财产，但由于苏志城不能提供证据，更无法证明是"离婚时，而不是离婚前"转移财产，根据谁主张谁举证的原则，法院无法认定江曼舒转移财产，所以，苏志城也就只能在查明的现有共同财产中分得一半。值得注意的是，在司法实践中，通常将夫妻感情破裂分居或起诉离婚前一年的时间点之后的时间段视为"离婚时"。

另外，本案也涉及继父母与继子女之间关系的问题。根据《婚姻法》第二十七条第一款的规定，继父母与继子女间，不得虐待或歧视。本案中，江曼舒作为继母，对苏志城的孩子区别对待是错误的行为。

在婚姻中，特别是再婚重组家庭，夫妻双方对于共同财产的使用要互相监督，不能将财产完全交给一方管理。尤其在共同经营企业的情况下，双方务必要关注企业财务报告，掌握资金的流动方向，明确企业中的每一笔重大的收入与支出，不能撒手不管，让另一方完全掌握企业的财务。并且，一方在发现另一方有转移财产的行为时，要及时保留证据。

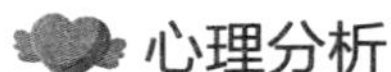

心理分析

在组建一个家庭时，男女双方一定要进行深入的了解，不仅是了解对方的家庭条件，还要了解对方的性格、认知、行为方式等。如果发现双方差距很大，那么是否要步入婚姻生活，则需要审慎考虑。既然已经决定组建家庭，在这个过程中就需要多沟通，尤其是再婚家庭，双方难免要为对方作出让步，如果双方不能做到全心地经营家庭，为对方做出改变和牺牲，那么婚姻将很难走下去。

苏志城是一个理想主义型的男人，也是一个本性善良的人。他在婚后能协助妻子成就事业，对双方的孩子一视同仁，这些都是值得肯定的。但是他在没有深入了解江曼舒的情况下，就仓促地与她组建了家庭，以至于在婚姻开始时就已经为后面的失败埋下了种子。婚后，两人之间的差异逐渐显现出来，尽管他们也会互相沟通，但方式有欠妥当，使得夫妻双方矛盾激化，由口角、争吵升级成了互相殴打，最终导致婚姻解体。

江曼舒是一个典型的事业型的女强人，一般事业成功的女性性格都偏于强势，而且这种性格在职场和家庭中都有很明显的表现。江曼舒从跟苏志城结婚开始，一直到婚姻解体，都在职场和家庭中处于比较强势的地位。但是她不懂得，婚姻不是职场，夫妻双方在生活过程中需要相互理解与良好的沟通。由于江曼舒的强势，她接受不了在经营管理美容整容院的过程中苏志城与自己存在分歧，以致在出现不一致的意见时，她只会觉得苏志城办事老套、死板，甚至鄙视苏志城的工作能力，完全忽视苏志城为美容整容院所做的贡献和牺牲。强势的她不会因为丈夫的意见而做出改变，于是在争吵之后一气之下离家出走，带走了优质客户和美容院的优秀员工，另起炉灶重新开了一家美容整容院，丝毫不关心苏志城的死活。可以说，江曼舒是导致这场婚姻失败的关键角色，如果她肯为丈夫做出改变，或许他们的生活会越来越美满。更重要的是，江曼舒从来没把苏志城的孩子当作自己的孩子，一直冷眼相对，在给孩子买保险的事情上，她只偷偷地单独给自己的孩子买，这一点也让苏志城对她失望至极。在有子女的再婚家庭中，夫妻双方一定要做到对孩子一视同仁，不能区别对待，这样才能保持心理平衡。

在本案中，苏志城与江曼舒在三观上有错位，导致很多问题无法交流，双方各执一词，聊得太深入，就变成了争执，而争执难免会带情绪，进而就会口不择言，这样到最后，就会变成互相伤害。其实，在婚姻中有很多事是没必要争执的，每个人对事物的理解不一样，可以不认同对方，但要彼此尊重。当我们发现两个人对某件事的理解不一致时，那就换个话题，没必要非得想方设法说服对方。

法律链接

《中华人民共和国婚姻法》

第十七条　夫妻在婚姻关系存续期间所得的下列财产，归夫妻共同所有：

（一）工资、奖金；

（二）生产、经营的收益；

（三）知识产权的收益；

（四）继承或赠与所得的财产，但本法第十八条第三项规定的除外；

（五）其他应当归共同所有的财产。

夫妻对共同所有的财产，有平等的处理权。

第二十七条　继父母与继子女间，不得虐待或歧视。

继父或继母和受其抚养教育的继子女间的权利和义务，适用本法对父母子女关系的有关规定。

第四十七条　离婚时，一方隐藏、转移、变卖、毁损夫妻共同财产，或伪造债务企图侵占另一方财产的，分割夫妻共同财产时，对隐藏、转移、变卖、毁损夫妻共同财产或伪造债务的一方，可以少分或不分。离婚后，另一方发现有上述行为的，可以向人民法院提起诉讼，请求再次分割夫妻共同财产。

人民法院对前款规定的妨害民事诉讼的行为，依照民事诉讼法的规定予以制裁。

2 丈夫婆婆统一联盟，无情断送短暂婚姻

法律故事

身心俱疲的晓娜（化名）感觉自己做了一个长达八个月的噩梦，梦里有丈夫的责骂，有婆婆的侮辱，有自己无尽的泪水……而拿到离婚判决书的那一刻，噩梦终于苏醒了。

晓娜是家里的独女，从小就备受父母宠爱，没有吃过苦头，在社会上也没有太多的经历。在老家湖南读完研究生后，来到广州一家医院当了医生。一次机缘巧合，晓娜与同在广州工作的刘伟（化名）在婚恋网上相识。二人在网上谈得很投机，一来二去，互生好感。刘伟父母也对形象良好、性格温柔、学历高、工作体面的晓娜表示很满意。几个月后，双方确定了恋爱关系。当时两人都是奔三的年纪，也到了谈婚论嫁的时候。刘伟父母在了解到晓娜父母希望男方买婚房的想法后，主动打电话给他们，承诺婚房首付款及装修费用都由自己承担，晓娜一家不用负担任何费用，并且也不用返还结婚的彩礼，结婚后晓娜只需要和刘伟一起还房贷即可。就这样，两家人达成一致后便高高兴兴地开始看房。不久，晓娜和刘伟就相中了一套，于2018年7月2日签订了购房合同并支付了定金。婚房定下来后，当月，两人就登记结婚了。

结婚后，晓娜还未品尝到新婚的甜蜜，就经常与丈夫因购房、房屋装修等琐事发生争执，双方家庭也各执己见，矛盾重重。两人从确定恋爱关系到登记结婚历时不到两个月，本来感情基础就不深厚，这些争吵无疑是火上浇油。更让晓娜意想不到的是，没过多久，刘伟母亲突然以投资的名义向晓娜父亲索要30万元，美其名曰是为小两口多创造个生钱的道儿。晓娜一家人心知肚明，这30万元刚好是房屋首付款的一半，刘伟一家明摆着是在要钱。不仅如此，刘伟一家一改之前亲和热情的嘴脸，对做出的承诺出尔反尔，多次设法骗回6万元彩礼，并要求晓娜父母平摊房屋装修费。而这时晓娜对刘伟也有了更深的了解，发现他根本就没有主见，是个十足的“妈宝男”，对妈妈的话言听计从，丝毫没有是非观念，对于自己家人与婆婆之间的矛盾从不会进行调和，甚至还与婆婆形成统一战线，多次与自己争吵并且向自己施压。

对于刘伟母亲的要求，晓娜一家均未同意。刘伟母亲气急败坏，故意刁难晓娜，不让她搬入婚房与儿子共同生活，过多地干涉夫妻俩的生活。过了一段时间，刘伟和母亲再次要求晓娜父母返还6万元礼金、平摊购房首付款和房屋装修款。晓娜一家还是没有妥协。屡次碰壁的刘伟一家见要钱不成，气急了眼，开始频繁辱骂、骚扰、跟踪晓娜及其家人。

2019年大年初五，刘伟和母亲又给晓娜母亲打电话，威胁说要和晓娜离婚，晓娜一家人没有回应。他们就多次到晓娜工作的医院闹事，搞得整个医院尽人皆知，让晓娜丢尽了脸面。刘伟母亲还多次扬言：“敢不退彩礼、不承担装修费，我就跟踪、骚扰你，让你工作全丢，更让你寝食不安，生不如死！”这件事使晓娜身心疲惫，在不堪其扰之下，她选择了报警。

面对刘伟一家人的无理表现，晓娜父母也曾尝试过沟通，但刘伟母亲根本听不进去，就想着要钱，还多次吼道：“跟你女儿结婚，损失的是我儿子的青春，不让你们赔钱就不错了。”晓娜父母深受其辱，不愿再与之沟通。而晓娜何尝不希望自己的感情顺利，婚姻幸福呢？她也曾满怀希望地与丈夫协商沟通，但再多掏心掏肺的话都败给了刘伟一句“一切听从我妈安排”。刘伟全然不顾夫妻感情，唯母是从的“妈宝男”行为，让晓娜彻底失望。

2019年3月下旬，晓娜在广州某区法院起诉离婚。而刘伟父母也因为购房一事对晓娜及其家人心有芥蒂，坚决要求儿子与晓娜离婚。法院最终判决双方离婚，依法分割夫妻财产。就这样，晓娜与刘伟短短八个月的婚姻宣告结束。

律师说法

本案涉及婚后彩礼的返还问题。我国《最高人民法院关于适用〈中华人民共和国婚姻法〉若干问题的解释（二）》第十条规定："当事人请求返还按照习俗给付的彩礼的，如果查明属于以下情形，人民法院应当予以支持：（一）双方未办理结婚登记手续的；（二）双方办理结婚登记手续但确未共同生活的；（三）婚前给付并导致给付人生活困难的。适用前款第（二）（三）项的规定，应当以双方离婚为条件。"由此可见，当事人请求返还彩礼的，必须符合上述条件，法院才会予以支持。在本案中，刘伟在结婚时付给晓娜6万元彩礼后，双方已经办理结婚登记并共同生活，婚前给付彩礼也并未导致刘伟家人生活困难，并不符合上述法律规定的返还彩礼的条件。所以，即使刘伟起诉到法院，其请求也不会得到支持。

此案还涉及夫妻间房产的权利归属问题。我国《最高人民法院关于适用〈中华人民共和国婚姻法〉若干问题的解释（三）》第十条规定："夫妻一方婚前签订不动产买卖合同，以个人财产支付首付款并在银行贷款，婚后用夫妻共同财产还贷，不动产登记于首付款支付方名下的，离婚时该不动产由双方协议处理。依前款规定不能达成协议的，人民法院可以判决该不动产归产权登记一方，尚未归还的贷款为产权登记一方的个人债务。双方婚后共同还贷支付的款项及其相对应财产增值部分，离婚时应根据婚姻法第三十九条第一款规定的原则，由产权登记一方对另一方进行补偿。"另外，该解释第七条还规定："婚后由一方父母出资为子女购买的不动产，产权登记在出资人子女名下的，可按照婚姻法第十八条第（三）项的规定，视为只对自己子女一方的赠与，该不动产应认定为夫妻一方的个人财产。由双方父母出资购买的不动产，产权登记在一方子女名下的，该不动产可认定为双方按照各自父母的出资份额按份共有，但当事人另有约定的除外。"一般而言，根据《物权法》的有关规定，不动产所有权以登记为准，如果登记为夫妻双方共有，则为夫妻共同财产。如果登记在夫妻一方名下，在处理上不仅要依据上述法律规定，还要根据公平原则（如考虑一方对家庭奉献，为对方牺牲和付出等）予以区分处理。婚前一方或其父母全额出资购买并登记在其名下，那么所有权就归其所有，与另一方无关；不论婚前婚后，夫妻双方用共同财产购买的不动产，即便登记在一方名下，也视为夫妻共同财产。特别是很多城市出现限购，男女双方一方有购房资格，一方没有，购房时登记在有购房资格的一方名下，购房款由双方或双方父母负担，即便是婚前购买，一般也认定为夫妻共同财产。此外，婚后一方父母全额出资购买并登记在自己子女名下的房屋，为该子女的个人财产，但如果双方父母都出资了，而且比例不是特别悬殊，在实践中一般推定为夫妻共有，不按出资多少的比例分割。

上述案例中，房屋为婚前购买，登记在晓娜和刘伟两人名下，是夫妻共同财产，晓娜在离婚时有权分得房屋份额或价值的一半。如果在婚前购买，房屋登记在刘伟名下，晓娜没有出首付款，即便婚后一起还贷，法院一般也会判决房屋归刘伟所有，但是晓娜可以就自己在婚姻期间偿还的贷款以及相对应的财产增值部分要求刘伟进行补偿。

婚前、婚后购买房屋等不动产时一定要明确财产所有权的归属，明确夫妻共同财产的范围，作出真实的意思表示，防止感情和财产都受到无情的侵害。

心理分析

男女双方从恋爱到婚姻，最理想的过程并不是风平浪静、毫无波澜，而是享受过甜蜜，经历过磨难，彼此依旧相依相伴，不离不弃。而且，婚姻不是简单的两个人的结合，而是两个家庭的融合，如果说夫妻双方的结合是因为爱情，是彼此对爱情忠贞不渝的坚守，那么两个家庭的融合便是因为亲情，是每个家庭对对方爱屋及乌的接受与认可。在本案中，晓娜与刘伟都出生于幸福的家庭，门当户对，喜结良缘自是不在话下。

然而，太容易得到的东西可能更容易破碎。夫妻感情像是两个家庭和睦相处的基石，男女双方感情经受住了考验，家庭关系才能更牢固。晓娜在结婚前，向刘伟表达了由刘伟家购买婚房的想法，刘伟父母毫不犹豫地答应了，这让晓娜没有后顾之忧地嫁给了刘伟。由于他们两人的结合太过纯粹，在婚前没有遇到过经济利益上的纠纷，也没有经历过在对方家庭生活中与双方父母感情上的磨合，造成新人感情基础的薄弱、新家庭组建的仓促，两个家庭缺乏稳固的情感纽带，以致于婚前的矛盾在婚后初期慢慢显现，而这一矛盾由于缺乏家庭应有的相互支持、谅解和认同而激化，最终导致婚姻的破裂。

从案例中，我们可以了解晓娜的心理状态，眼里和心里满满的都是对爱情的渴望。已过适婚年龄的晓娜，拥有研究生的高学历和一份体面的工作，通过网络婚恋平台结识了刘伟，在与他接触与交流后，擦出了爱情的火花，很快坠入爱河。沉浸在爱情里的晓娜对组建家庭产生了渴望，这种渴望让晓娜忽略了能否适应对方家庭、如何经营婚姻家庭生活等问题。刘伟一家对晓娜婚前要求的满足，让她感受到如原生家庭般的宠爱，她幻想着婚后的家庭生活也如同原生家庭般和睦，能够在产生冲突时对自己作出让步。又或许因为晓娜是一名医生，工作时间长、压力大，在心理上没有对男方在婚后可能对自己付出的感情会比恋爱时减少的估量，在婚后也没有尝试着进行从女儿到儿媳的角色转换，导致在应对婚后家庭生活中出现的矛盾时手足无措。

案例中的刘伟是典型的“妈宝男”。他的行为有一个显而易见的特征：母婴共同体，虽然在身体上已经发育为成年人，但精神上还保留着婴儿般的思想、情绪和行为。案件中有多处可以看出，刘伟的自我意识狭窄，无法预知自己的言行对他人可能造成的影响。他是母亲的依附，对母亲百依百顺，没有是非观。

从心理发展上看，自我界限是逐渐形成的。胎儿在母亲的体内，会感受到和母亲是一体的，母亲就是他，他就是母亲的一部分。孩子出生以后，虽然在肉体上与母亲已经分开，但在心理上仍然连在一起。没有母亲或母亲的替代者，他一天也活不下去。随着孩子慢慢长大，其与母亲的心理距离也就越来越远。孩子成长的过程，也是与母亲在心理上分离的过程。分得越开，也就意味着成长得越好。很遗憾，刘伟在成长的过程中，形成了一种与母亲一部分分开，另一部分还连在一起的状况。这是一种不完全的成长，换一种说法，就是处于这种状况的人，自我与母亲之间的界限不清晰。刘伟依赖自己的母亲，而刘伟母亲的参与、搅和都是比较私人化的决定。如她以投资名义向晓娜父亲索要30万元的行为，说明她极度自私，为了自己的欲望，不顾儿子的婚姻，一心只想要钱。这种自私的行为，很大程度上已经破坏了年轻人的情感基础。

自我界限清晰的情感是最有价值的。若刘伟能清楚地知道自己和他人的责任和权利范围，既可以保护自己的个人空间不受侵犯，又不侵犯他人的个人空间，那么这段婚姻也不至于落得个失败的结局。

每个人都可以把自己的人生变成艺术品。要使这个艺术品成为赏心悦目的杰作，就需要使自己的情感变得丰富多彩，而更为重要的是，需要用我们的全部智慧和耐心去驾驭和表达它们。

法律链接

《中华人民共和国民法总则》

第六条　民事主体从事民事活动，应当遵循公平原则，合理确定各方的权利和义务。

《最高人民法院关于适用〈中华人民共和国婚姻法〉若干问题的解释（二）》

第十条　当事人请求返还按照习俗给付的彩礼的，如果查明属于以下情形，人民法院应当予以支持：

（一）双方未办理结婚登记手续的；

（二）双方办理结婚登记手续但确未共同生活的；

（三）婚前给付并导致给付人生活困难的。

适用前款第（二）、（三）项的规定，应当以双方离婚为条件。

《最高人民法院关于适用〈中华人民共和国婚姻法〉若干问题的解释（三）》

第六条　婚前或者婚姻关系存续期间，当事人约定将一方所有的房产赠与另一方，赠与方在赠与房产变更登记之前撤销赠与，另一方请求判令继续履行的，人民法院可以按照合同法第一百八十六条的规定处理。

第七条　婚后由一方父母出资为子女购买的不动产，产权登记在出资人子女名下的，可按照婚姻法第十八条第（三）项的规定，视为只对自己子女一方的赠与，该不动产应认定为夫妻一方的个人财产。

由双方父母出资购买的不动产，产权登记在一方子女名下的，该不动产可认定为双方按照各自父母的出资份额按份共有，但当事人另有约定的除外。

第十条 夫妻一方婚前签订不动产买卖合同，以个人财产支付首付款并在银行贷款，婚后用夫妻共同财产还贷，不动产登记于首付款支付方名下的，离婚时该不动产由双方协议处理。

依前款规定不能达成协议的，人民法院可以判决该不动产归产权登记一方，尚未归还的贷款为产权登记一方的个人债务。双方婚后共同还贷支付的款项及其相对应财产增值部分，离婚时应根据婚姻法第三十九条第一款规定的原则，由产权登记一方对另一方进行补偿。

3

军嫂欠债又偷人，法律正义有公断

法律故事

以前经常听人说，军婚神圣不可侵犯，如果一个女孩选择嫁给军人，成为一名军嫂，就要守得住家庭，耐得住寂寞，对得起正在用生命保家卫国的丈夫。否则，请远离他们，不要去伤害他们。然而，偏偏有极少数人不这样想，吴红梅（化名）就是这些人里的一个。

吴红梅，江西九江市人，家中有父母和五个兄弟姐妹，生活得并不富裕。而且，因为排行老三，天资平平，样貌也不出众，她从小得到的关注就特别少，也从小就特别的“乖巧”“听话”“懂事”。2005 年 3 月，吴红梅经人介绍，认识了在广西柳州驻守的军官杨伟（化名），两人很快确定了恋爱关系，并于 2007 年 9 月，在广西柳州市某区民政局登记结婚。婚后，两人度过了一段很甜蜜的时光。次年冬天，他们的孩子出生了。

2009 年，杨伟调入广州工作，吴红梅留守广西柳州。长期的异地分居，使他们沟通越来越少，感情也越来越淡。对于这样的状况，杨伟是非常愧疚的。他觉得，正是因为自己工作繁忙，陪伴妻子的时间较少，才导致两人的感情越来越疏远。为了弥补自己的愧疚，杨伟便将全部收入都交给吴红梅掌管，从来不过问。吴红梅一直独自控制家庭财产，也没有和丈夫谈论过财产管理情况。

两人的日子就这样平静地过着。可安静祥和的日子总是很短暂，平静过后，暴风雨往往要来。自 2015 年下半年开始，家里总是莫名其妙地收到各种小额贷款公司催款的信息或电话，杨伟对此十分不解，便询问吴红梅：“为什么最近家里总收到小额贷款催款的消息呢？”吴红梅回答说：“我在广州和柳州贷款购置了三套房子，由于资金有限，便选择了小额贷款，而且小额贷款也方便。放心吧，数额不大，我自己很快会处理好的。”尽管吴红梅这么简单地解释，但杨伟不太赞成小额贷款，于是告诫吴红梅过日子就好好过日子，不要折腾这些东西了。吴红梅应承着。

然而，事情总是接踵而至。2015 年 12 月，吴红梅突然对杨伟说：“我打算把柳州的房子卖一套，用来偿还债务，需要你帮我去借 50 万元，我需要解押房产。”杨伟听完非常震惊，追问吴红梅为什么欠债？欠多少债？家里的钱都去哪儿了？吴红梅均未回答，只是一直哭诉说卖了柳州一套房产就能够还清所有债务。杨伟万般无奈之下只好向战友借了 50 万元。然而，事情到这里并没有结束。

2016 年 1 月和 3 月，杨伟先后收到来自江西和广州两地法院的传票，传票内容诉称吴红梅欠高某某人民币 110 万元，欠王某某人民币 150 万元。同时，这期间也有多名债主上门讨债。杨伟意识到吴红梅一直对自己隐瞒了欠债情况，他强烈要求吴红梅说出实情，但吴红梅只是罗列了自己对外欠债清单，初步估计约为 1500 万元，其他的一概不答。杨伟产生了莫名的恐慌，实在想象不到自己的妻子竟是如此之人，更深感自己一直在被欺骗、隐瞒、利用、伤害。

更让杨伟意想不到的是，吴红梅不光在财产上伤害自己，就连在感情上也背叛了自己。经了解，吴红梅与一个叫“阿强（化名）”的放高利贷的人关系极为暧昧。在短信中，二人用语极为亲昵；在生活上，吴红梅经常为阿强购买各种生活用品、内衣内裤，完全一副热恋情人做派；在经济上，吴红梅为阿强到处借贷，供其做业务使用。

杨伟得知一切事情后，痛心疾首，失望透顶。这一次，他不再选择原谅，而是向广州某区法院起诉与吴红梅离婚。在这场离婚官司中，法院十分同情杨伟，经过调查取证，最终判决双方离婚，孩子归杨伟抚养，而且杨伟只需承担 10 万元的夫妻共同债务，其他债务属于吴红梅个人债务，与他无关。

律师说法

首先，本案涉及夫妻共同债务的问题。关于夫妻共同债务的偿还，我国《婚姻法》第四十一条规定，夫妻为共同生活所负的债务应首先用夫妻共同财产偿还，无法偿还时由双方进行协议。2018 年《最高人民法院关于审理涉及夫妻债务纠纷案件适用法律有关问题的解释》对于夫妻共同债务作出明确的解释，其中主要有以下几个方面的内容：（一）夫妻双方共同签字或者夫妻一方事后追认等共同意思表示所负的债务，应当认定为夫妻共同债务；（二）夫妻一方在婚姻关系存续期间以个人名义为家庭日常生活需要所负的债务，债权人以属于夫妻共同债务为由主张权利的，人民法院应予支持；（三）夫妻一方在婚姻关系存续期间以个人名义超出家庭日常生活需要所负的债务，债权人以属于夫妻共同债务为由主张权利的，人民法院不予支持，但债权人能够证明该债务用于夫妻共同生活、共同生产经营或者基于夫妻双方共同意思表示的除外。本案中，吴红梅在婚姻关系存续期间所欠下的债务，大部分都超出日常生活需要，且没有经过杨伟同意，属于她的个人债务，除非由债权人提供证据证明该债务属于夫妻共同债务。

其次，本案还涉及军婚保护的问题。军婚保护是我国离婚诉讼制度中的一项特殊制度，具有十分重要的意义。现代军人担负着保卫国家的特殊使命，难以时刻照顾家庭，国家在各方面给予军人家庭更好的保护。目前，在我国的现行法律制度中，对于军婚的保护主要有两项内容。第一，《婚姻法》第三十三条规定：“现役军人的配偶要求离婚，须得军人同意，但军人一方有重大过错的除外。”此规定只适用于非军人一方要求与军人一方离婚的情况。第二，《刑法》第二百五十九条规定了破坏军婚罪，即明知是现役军人的配偶而与之同居或者结婚的，处三年以下有期徒刑或者拘役。据此可知，破坏军婚罪的构成要件中，犯罪主体在主观上必须表现为故意，如果不知其是现役军人的配偶而与之结婚或同居的，则不构成本罪。另外，破坏军婚罪，必须是与军人的配偶同居或结婚，而其他情形则不构成此罪。在本案中，杨伟是一名军人，吴红梅在婚后与阿强关系暧昧，如果能够证明阿强明知吴红梅的丈夫是一名现役军人而与她同居，阿强就构成破坏军婚罪。

作为已婚者，应当履行夫妻间的忠实义务。对于军人婚姻关系外的其他人来说，虽然感情是自由的，但与现役军人的配偶同居、结婚属于犯罪行为，不可为之。对于现役军人来说，虽然有法律对婚姻进行特殊保护，但是对于夫妻双方的共同财产，不可不闻不问，否则也可能因配偶的行为受到无端的损失，甚至遭到债务牵连。

心理分析

俗话说，“男怕入错行，女怕嫁错郎”。但事实上，无论男女，都害怕自己选错了终身伴侣。男女双方要想情投意合，白头偕老，除了互相了解，还需要互相信任。本案中的受害者杨伟是一名军人，与吴红梅的结合虽然属于军婚，受法律的特殊保护，但是，他们两人相恋时间不长，彼此了解不够，婚后吴红梅又不珍惜杨伟的信任，这就注定了这场婚姻以悲剧告终。

作为一名军人，杨伟无疑是有责任心的男人。他与吴红梅结婚后，就把家庭全部收入交给妻子掌管，他不仅对自己的财产从不过问，而且当家里收到小额贷款公司的催款信和电话时，也没有详细了解原因，即使吴红梅让他借 50 万元偿还债务，他虽觉得无奈却仍向战友借了钱。我们可以说杨伟大意了，也可以说他是因为夫妻两地分居心存愧疚，但归根结底是因为他对妻子的了解不够深入。

吴红梅之所以会“挥霍”夫妻财产、出轨，落得夫离子散的下场，与她原生家庭的影响有很大关系。吴红梅的家庭条件不好，兄弟姐妹众多，她排行老三，才貌平平，为生计奔波的父母势必很少关注她的成长，这就导致她非常渴望被爱。而与杨伟结婚初期，她得到了丈夫足够的爱和关注，心理得到极大满足，但当丈夫调入广州，她一人留守广西时，那种年幼时不被关注的感觉又涌上心头。由于兄弟姐妹众多，吴红梅从小就知道通过“乖巧”“听话”的表现来赢得父母稍微多一点点的爱怜。如今成年的她，感觉自己有力量了。她婚内出轨，就是一个孩子在潜意识中对扮演父母角色的丈夫不满的反抗：你不爱我，但是有人爱我。出轨，是吴红梅给自己补上的青少年时期落下的叛逆课，这是她在年幼时没被满足的欲望在作祟。

此外，就个体层面而言，出轨也弥补了吴红梅的心理缺失。夫妻相守时，由于丈夫的关爱，她不会出轨。但当夫妻两地分居，吴红梅无法忍受孤独，为了弥补亲密关系的缺失，她便向外寻求。她的出轨，或许也有可能是她对杨伟报复、攻击、进行反抗的方式。因为两地分居致使她无法再感受到丈夫的那种关注和爱了，而她自己又不懂得表达自己的感受和需求，也不懂得通过学习成长等方式滋养和关爱自己，于是只好选择报复。当然，这种心态是隐性的，可能连吴红梅自己也不曾察觉。很显然，对于这样细微的心理变化，杨伟更没能体会到。否则，当吴红梅在生活中显露出种种不利于家庭良性发展的信息时，杨伟一定不会置之不理，他们也就不会有最后离婚的结局。

我们在择偶时，一定要慎之又慎，这句话不仅是对女人说的，也是对男人说的。而一旦我们决定选择彼此作为伴侣，组建家庭时，不仅要互相信任，更要珍惜对方给予的信任。

法律链接

《中华人民共和国婚姻法》

第三十三条　现役军人的配偶要求离婚，须得军人同意，但军人一方有重大过错的除外。

第四十一条　离婚时，原为夫妻共同生活所负的债务，应当共同偿还。共同财产不足清偿的，或财产归各自所有的，由双方协议清偿；协议不成时，由人民法院判决。

《最高人民法院关于审理涉及夫妻债务纠纷案件适用法律有关问题的解释》

第一条　夫妻双方共同签字或者夫妻一方事后追认等共同意思表示所负的债务，应当认定为夫妻共同债务。

第二条　夫妻一方在婚姻关系存续期间以个人名义为家庭日常生活需要所负的债务，债权人以属于夫妻共同债务为由主张权利的，人民法院应予支持。

第三条　夫妻一方在婚姻关系存续期间以个人名义超出家庭日常生活需

要所负的债务，债权人以属于夫妻共同债务为由主张权利的，人民法院不予支持，但债权人能够证明该债务用于夫妻共同生活、共同生产经营或者基于夫妻双方共同意思表示的除外。

《**中华人民共和国刑法**》

第二百五十九条 明知是现役军人的配偶而与之同居或者结婚的，处三年以下有期徒刑或者拘役。

利用职权、从属关系，以胁迫手段奸淫现役军人的妻子的，依照本法第二百三十六条的规定定罪处罚。

第四章
别拿爱的名义开玩笑

1

负心汉骗婚骗孕骗感情，单纯女协议离婚求安宁

法律故事

刚刚下过雨的天空，灰得可怕。温小雅（化名）一个人静静地躺在床上，望着窗外，心里在滴血，眼睛里却没有一滴泪。回想起最近一年来的点点滴滴，温小雅就像做了一个噩梦，梦里有撕心裂肺的疼痛，有歇斯底里的哭泣……那种痛苦直到现在还挥之不去。这样的感觉如同年幼的她被亲生父母遗弃，一个人孤零零地坐在山边，不知所措，直到遇到养父母，才有了一个名义上的家。

2013 年，温小雅与王亮（化名）结婚并生育了一对漂亮的双胞胎女儿，日子过得有滋有味。但是，到了 2015 年，一个偶然的机会，温小雅发现丈夫出轨了。这个消息对于温小雅来说就像晴天霹雳，她无法忍受丈夫的背叛，最终和王亮离婚，带着女儿们开始了新的生活。

温小雅每天下班后都会带着女儿们到小区里遛弯，她们都很有爱心，喜欢喂一些流浪猫、流浪狗。小区里有一位“韩叔叔”，经常和孩子们一起喂猫喂狗。温小雅的女儿们非常喜欢这位韩叔叔，慢慢地，温小雅和他也熟络了起来。

这位韩叔叔名叫韩刚（化名），经常约温小雅和孩子们吃饭，温小雅对他慢慢有了好感。一次，在温小雅女儿的生日宴上，韩刚突然拿出一束鲜花，单腿跪在地上，深情地对温小雅说：“小雅，在我们第一次眼神碰撞的一刹那，我就知道我遇到了对的人。我韩刚今生非你不娶，相信我，会给你一个温暖的家，今生永不负你！”已经离异两年的温小雅好久没有听过这种情话了，虽然有点猝不及防，但是韩刚的温柔、善良、浪漫、有爱心都让她无法抗拒，

不由自主地和他拥抱在了一起。

确定了恋爱关系后的第二天，韩刚就提出要和温小雅发生性关系，温小雅虽然很不情愿，但是在韩刚的步步紧逼下，一推二就地妥协了。后来，韩刚提出让温小雅为自己生育一个孩子，但温小雅认为已经有两个女儿，而且自己身体本来就不好，所以多次拒绝了他。可韩刚每次都苦苦哀求，称自己已经四十多岁了却没有一儿半女，这辈子非常遗憾，希望能和温小雅有个爱情的结晶。最后，温小雅心软了，不再采取避孕措施，很快就怀孕了。

温小雅怀孕以后，和韩刚领了结婚证。她担心韩刚有了孩子以后，自己的女儿们会被忽略。韩刚向温小雅发誓，自己绝不会因为有了亲生孩子就减少一点儿对女儿们的爱。可是过了没多久，韩刚的态度就发生了翻天覆地的变化，他就像变了个人，开始嫌弃孩子们吵闹，干脆从家中搬了出去。

后来，温小雅生下一个男婴，就在她沉浸在再次当妈妈的喜悦中时，韩刚竟在医院将男婴强行抱走。对于韩刚的行为，温小雅十分不解，但是因为身体虚弱，根本无力去找他理论，她只能默默地忍下。

温小雅自己出院回到家中，在保姆的照顾下坐月子。她因为想念儿子，食不知味，夜不能寐，整日以泪洗面。温小雅不知道究竟发生了什么，她多次想找韩刚问清楚，但是韩刚根本不来看望她，打电话也不接。出了月子后，温小雅决定去韩刚家看望儿子。

温小雅到韩刚家后刚想开口，韩刚却突然提出离婚，没给出任何解释。温小雅一头雾水，后来从韩刚家保姆的口中得知，韩刚有个女朋友于某，两人整日亲昵恩爱，而这个于某，正是温小雅的闺蜜！温小雅突然明白了，其实，韩刚和于某早就是男女朋友关系，韩刚跟自己结婚，完全是想让自己给他生个儿子，因为韩刚曾经说过代孕太贵，而自己因为太相信他了，根本没有多想……想到这，温小雅腿一软，瘫坐在地上，她觉得自己就是个大笑话，被人骗婚、骗感情，还免费给人生了个儿子。她欲哭无泪。

后来，韩刚直接和温小雅摊牌，要求尽快离婚，甚至威胁她说：“根据法律规定，你必须给我儿子抚养费……”温小雅没等韩刚说完，一个巴掌甩到他的脸上，气愤地说道：“韩刚，你就是个畜生！”说完，摔门而去。

后来，温小雅找了一位律师，把自己的故事告诉了他。在律师的耐心劝导下，温小雅的心情渐渐归于平静，最后在律师的帮助下与韩刚协议离婚。儿子归了韩刚，温小雅不需要支付任何抚养费用。温小雅不愿再回首，她只想带着两个女儿安静地、好好地生活。

律师说法

本案主要涉及一方因受到欺骗而结婚的问题。我国《婚姻法》第五条规定："结婚必须男女双方完全自愿，不许任何一方对他方加以强迫或任何第三者加以干涉。"因为感情受到欺骗而结婚的一方，虽然在办理结婚登记时表现出自愿，但实质上并非自愿。然而，这既不属于《婚姻法》第十条规定的婚姻无效的情形，也不符合第十一条规定的可撤销婚姻的情形。因此，受到欺骗而结婚的，只能通过离婚的方式解除双方婚姻关系。

在本案中，韩刚为了让温小雅为自己生一个孩子而欺骗她的感情，并在得到儿子后离开温小雅，违反了《婚姻法》规定的"夫妻互相忠实、互相尊重"的原则，温小雅可以选择与韩刚协议离婚或者起诉离婚。协议离婚就是双方自愿离婚并达成协议处置离婚带来的一系列问题。我国《婚姻法》第三十一条规定，男女双方自愿离婚的，准予离婚。双方必须到婚姻登记机关申请离婚。婚姻登记机关查明双方确实是自愿并对子女和财产问题已有适当处理时，发给离婚证。如婚姻中的一方不同意离婚，另一方还可以依据《婚姻法》第三十二条的规定，通过起诉的方式解除婚姻关系。协议离婚较起诉离婚简单、快捷，只要双方达成一致即可。本案中，遭受无情欺骗的温小雅为了尽快与韩刚离婚，采取协议离婚的方式是最为适合的。

本案还涉及离婚后子女的抚养问题。根据我国现行《婚姻法》第三十六条的规定，离婚后，父母对于子女仍有抚养和教育的权利和义务。离婚后，哺乳期内的子女，以随哺乳的母亲抚养为原则。哺乳期后的子女，如双方因抚养问题发生争执不能达成协议时，由人民法院根据子女的权益和双方的具体情况判决。同时，该法第三十七条第一款也规定："离婚后，一方抚养的子女，另一方应负担必要的生活费和教育费的一部或全部，负担费用的多少和期限的长短，由双方协议；协议不成时，由人民法院判决。”本案中，温小雅与韩刚的孩子还在哺乳期内，原则上孩子应该由温小雅抚养，韩刚将孩子强行抱走的行为是不合法的。但是因双方协议离婚，温小雅可以放弃孩子的抚养权，并且根据《婚姻法》第三十八条的规定，她仍享有探望权。此外，协议离婚只要不违反法律强制性规定，完全尊重当事人双方的约定，温小雅与韩刚可以在协议中约定抚养费的事项，温小雅依据协议不支付抚养费也是合法的。

另外，在本案中提到的代孕问题在我国是不合法的。我国卫生部 2001 年颁布的《人类辅助生殖技术管理办法》第三条明确规定：“人类辅助生殖技术的应用应当在医疗机构中进行，以医疗为目的，并符合国家计划生育政策、伦理原则和有关法律规定。禁止以任何形式买卖配子、合子、胚胎。医疗机构和医务人员不得实施任何形式的代孕技术。”

对待爱情要理智，结婚也要谨慎，要在充分了解对方后再决定是否结婚。否则，被欺骗感情的一方，虽然可以选择离婚，但感情受到的伤害以及青春的损失只能自己承担。

心理分析

虽然我们无法证实“第六感”是否真实存在，但毋庸置疑的是，在男女关系中，人们对于自己和伴侣的关系确实会有直觉力和判断力，假如伴侣跟其他人有暧昧关系，一般都会找到蛛丝马迹。也许有人会说自己的确没有发现，排除智力因素之外，实际上是在蒙蔽自己，甘愿活在自己编织出来的幸福婚姻的假象里，不敢面对真相。

这种对婚姻的胆怯，其实是害怕面对真实的自己和伴侣，更深一步说是由于自卑造成的安全感的缺乏。就拿案例中的温小雅来说，她从小被亲生父母遗弃，由养父母抚养成人，导致她内心非常没有安全感，自我价值感非常低，觉得自己不值得被爱。这种心理创伤使温小雅总是遇到不懂得珍惜她的男人，第一任丈夫因出轨被她发现而终结婚姻，但此时温小雅并没有正视自己的心理问题。由于她被遗弃的经历已经导致了她的自卑，而第一段失败的婚姻又加剧了她的自卑，再加上她还带着两个“被父亲遗弃”的孩子，这让她更加缺乏安全感，对感情没有自信心，觉得自己是不值得被爱的女人。因此，当她遇上第二任丈夫韩刚时，很快就被他看似温柔、善良、浪漫、有爱心的行为以及“甜言蜜语”所迷惑，再一次坠入了男方精心设计的圈套里。

另外，韩刚和他的女友于某都是三观不正的人，否则就不会合谋让韩刚接近温小雅，并以骗婚的方式让她怀孕，然后再离婚，而这一切都是因为他们不能生育，代孕太贵。他们的人生观、道德观极其扭曲，虽然法律没有制裁韩刚，温小雅也选择了协议离婚，但一个充满爱的家庭不可能养育出韩刚和于某这样的人，在他们扭曲的价值观下，他们只会重复在原生家庭中习得的模式，然后再把这样的模式传承给自己的孩子，这样的家庭对孩子来说也是可悲的，无法身心健康地成长。

在人生的长河中，每个人都需要积累阅历，每一段经历都会使人成长，但是有些经历的代价是非常高的，我们在面对人生的重大决策时，一定要慎之又慎。尤其是面对飞速发展的世界中五彩斑斓的诱惑，我们一定要懂得自爱，主动成长，这样才能在社会中赢得一席之位，也才有可能赢得另一半的爱、欣赏和尊重。温小雅虽然饱受煎熬，但历经两次失败的婚姻后，她应该会慢慢成长，为了孩子而最终变成一位坚强且有力量的妈妈。

法律链接

《中华人民共和国婚姻法》

第五条 结婚必须男女双方完全自愿，不许任何一方对他方加以强迫或任何第三者加以干涉。

第十一条 因胁迫结婚的，受胁迫的一方可以向婚姻登记机关或人民法院请求撤销该婚姻。受胁迫的一方撤销婚姻的请求，应当自结婚登记之日起一年内提出。被非法限制人身自由的当事人请求撤销婚姻的，应当自恢复人身自由之日起一年内提出。

第三十一条 男女双方自愿离婚的，准予离婚。双方必须到婚姻登记机关申请离婚。婚姻登记机关查明双方确实是自愿并对子女和财产问题已有适当处理时，发给离婚证。

第三十六条 父母与子女间的关系，不因父母离婚而消除。离婚后，子女无论由父或母直接抚养，仍是父母双方的子女。

离婚后，父母对于子女仍有抚养和教育的权利和义务。

离婚后，哺乳期内的子女，以随哺乳的母亲抚养为原则。哺乳期后的子女，如双方因抚养问题发生争执不能达成协议时，由人民法院根据子女的权益和双方的具体情况判决。

第三十七条 离婚后，一方抚养的子女，另一方应负担必要的生活费和教育费的一部或全部，负担费用的多少和期限的长短，由双方协议；协议不成时，由人民法院判决。

关于子女生活费和教育费的协议或判决，不妨碍子女在必要时向父母任何一方提出超过协议或判决原定数额的合理要求。

《人类辅助生殖技术管理办法》

第三条 人类辅助生殖技术的应用应当在医疗机构中进行，以医疗为目的，并符合国家计划生育政策、伦理原则和有关法律规定。禁止以任何形式买卖配子、合子、胚胎。医疗机构和医务人员不得实施任何形式的代孕技术。

2

忍辱负重终有限，老公不再“喜当爹”

法律故事

周彬（化名）拖着疲惫的身躯，从包里拿出钥匙，缓慢打开了家门。“又回来这么晚，赶紧给我做饭，快饿死了！”周彬对这样的吼叫早已习以为常，自从结婚后，不管自己每天有多累，回到家都要伺候妻子李欣（化名），给她洗衣、做饭，收拾家务。俗话说得好，“马善被人骑，人善被人欺”，周彬就是这么一个憨厚老实之人。

周彬，1976 年生人，在广州某医药企业从事外贸工作。2007 年 1 月，他通过朋友介绍认识了同在广州工作的李欣。李欣是 80 后，在网上经营旅游业务。她曾经有过一段婚姻，但因为前夫不能生育，最终离婚。李欣与周彬相处一段时间后，非常欣赏他的为人，便主动发起攻势，两人很快便确立了恋爱关系。

李欣性格古怪暴戾，谈恋爱的时候，动不动就对周彬发火，还总是玩失踪，经常好几天见不到人影。而憨厚老实的周彬对女朋友种种过分的行为，统统选择了包容，因为他觉得两个人在一起要相互理解、包容才能走得长久。

两个人的关系就这样一直维持着。2008 年 2 月的一天，李欣在失踪了一个月后，带着自己怀孕的消息突然出现在周彬面前。周彬对于女朋友怀了自己孩子的消息表示震惊。李欣再三明确，肚子里的孩子就是周彬的，并强烈要求与他结婚。周彬虽然对李欣反复无常的性格有些不满，但为了给未出世的孩子一个美好的未来，于是同意结婚。2008 年 4 月，周彬与李欣登记结婚。金秋十月，两人的儿子出生，取名周涵（化名）。

产后的李欣更是变本加厉，动不动就发火，经常故意找周彬的茬儿。而且，李欣在家好吃懒做，从来不做家务。周彬在外忙完工作，回家还要打理家务，每天都是身心俱疲。更让人可气的是，李欣毫无孝心可言，公婆来帮忙带孩子，李欣总给他们脸色看，甚至在公公生病住院的时候，也不去看一眼。

时光飞逝，一转眼孩子十岁了。这些年，周彬和父母将孩子照顾得无微不至。他们几乎把全部的心血都倾注到了这个孩子身上。有一天，孩子突然跟周彬说，他还有另外一个爸爸，以后长大了，可能要回到那个爸爸身边。周彬一听，愣住了，急忙去跟父母商量，周父周母也觉得事情蹊跷，再加上孩子的容貌越来越不像周彬，所以大家都警觉起来，最后商定去做亲子鉴定。

山雨欲来风满楼。亲子鉴定报告出来了，孩子不是周彬的。周彬崩溃了，自己竟然是“喜当爹”。之后他每天精神恍惚，用了很长一段时间去接受这个残酷的事实，在慢慢平复了心情之后，周彬找到李欣理论。但李欣表现得这事好像跟自己没关系一样，未露半点羞愧之意，反而理直气壮地冲周彬嚷嚷：“这有什么大不了的，平白无故多个儿子不好吗？反正儿子也跟你姓，大不了我让儿子以后也孝敬一下你。”老实的周彬提出离婚，李欣大吼：“你敢跟我离婚，我就让全世界都知道你喜当爹的事情。”周彬听罢，呆坐在地上。

常言道，兔子急了还有咬人的时候。2019年春，周彬愤然起诉要求与李欣离婚。法院经审理后认为，虽然女方与男方恋爱期间怀上他人的孩子，并非在婚后出轨，但根据《婚姻法》中夫妻间忠诚义务的原则，认定女方为过错方，最终判决双方离婚，同时判决女方返还男方抚养孩子的全部费用，并赔偿男方精神损失费8万元。

律师说法

本案主要涉及欺诈性抚养问题。在实践中，所谓“欺诈性抚养”，是指女方故意隐瞒子女并非与男方所生的事实，使男方误以为该子女是自己的亲生子女，而在婚姻存续期间乃至离婚之后对其进行抚养的行为。我国《婚姻法》第二十一条第一款规定：“父母对子女有抚养教育的义务；子女对父母有赡养扶助的义务。”但这种抚养教育未成年子女的义务只在法律规定的直系血亲之间存在，在欺诈性抚养中，未成年人与受欺诈的男方并不存在抚养关系，男方因受欺骗而付出的感情以及经济上的损失应当由女方赔偿。

具体而言，女方欺骗男方，导致男方将他人的子女误认为是自己的子女而将其抚养长大的，属于侵权行为。我国《民法总则》第一百二十条规定："民事权益受到侵害的，被侵权人有权请求侵权人承担侵权责任。"《侵权责任法》第六条规定："行为人因过错侵害他人民事权益，应当承担侵权责任。根据法律规定推定行为人有过错，行为人不能证明自己没有过错的，应当承担侵权责任。"由此可知，侵权责任的构成要件包括：违法行为、损害事实、因果关系、过错等。在欺诈性抚养关系中，欺诈性抚养行为的构成要件包括：（一）女方明知孩子不是男方的却欺骗男方，违反了法律规定的夫妻间的忠诚义务；（二）女方的行为导致男方为子女的成长付出了感情、精力、财力，给男方造成了物质上和精神上的损害；（三）男方受到的损害与女方的欺诈行为之间存在因果关系；（四）女方在主观上存在过错，其明知孩子不是男方的，仍然不将事实告知对方。因此，在上述情况下，欺诈性抚养行为就属于侵权行为。此时，女方要承担侵权责任，即停止侵害、赔偿损失。但是，如果女方并不知道孩子不是男方的，这种情况下女方主观上没有过错，不构成侵权，但构成不当得利。我国《民法总则》第一百二十二条规定："因他人没有法律根据，取得不当利益，受损失的人有权请求其返还不当利益。"此种情形下，女方应当赔偿男方为抚养孩子所支付的生活费、教育费以及医疗费等。

在本案中，李欣与周彬结婚前，明知孩子不是周彬的，却欺骗周彬称孩子是他的，并以此为由与周彬结婚，李欣的行为属于欺诈性抚养，并且其在主观上具有过错，构成侵权。故法院认定李欣违反了夫妻间的忠实义务，存在过错，判决她返还周彬抚养孩子的全部费用，并赔偿精神损失费 8 万元。

婚姻中双方都应当对彼此忠诚。有时候，欺骗配偶不仅不道德，还是违法行为，需要承担法律责任。此外，律师在办案中发现一种现象，在男女双方曾经已有多次性生活的前提下，如果女方长期拒绝与恋人、丈夫过性生活，但某一天突然主动要求与男方同房，然后很快怀孕，并宣称是男方的孩子。这时，男方一定要多个心眼，可能正在被"喜当爹"。

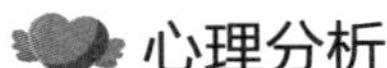

心理分析

从案例中我们可以看出，男女双方在性格上的明显反差。周彬的性格过于憨厚，甚至可以说是懦弱，在恋爱期间对女友李欣的“发火”“失踪”选择包容，甚至在李欣失踪后怀孕归来，不加怀疑地同意与她结婚，只为给孩子一个美好的未来。在结婚后，李欣对自己父母不尊重，周彬也选择忍气吞声，直至孩子说出亲生父亲的真相，他才选择与李欣离婚。没有无缘无故的不幸，也没有滴水不漏的婚外情，李欣在婚姻期间背着周彬让儿子认亲生父亲，周彬都没有察觉，一方面说明他活得迟钝甚至是麻木，另一方面是他对李欣不加追究地盲目相信，这也是他的致命伤。

相比之下，李欣是一个精明的人，也是一个自私的人。她只考虑自己的立场和利益，完全不顾及周彬的想法。凭借周彬对她的深信不疑，她可以有恃无恐地把周彬呼来唤去，玩弄于股掌之中，在和周彬交往的同时也与另外的男人交往，怀孕后还欺骗周彬说这是他的孩子，企图让周彬一直活在假象里。李欣的做法非常自私，也非常残忍，她不想未婚先孕就欺骗周彬，心里根本没把周彬视为一个正常的男人，只是把他当作一个挣钱工具、一个超级保姆。李欣的思维很扭曲，她完全忽略了别人的感受，并且不觉得利用周彬有什么问题，还觉得周彬应该为她服务，她根本无法想象和感受到周彬的痛苦。

谎言总会有被拆穿的时候，而李欣的谎言是被她自己的儿子拆穿的。而孩子的亲生父亲可能也不是善良正直之人，不然也不会和李欣苟且多年，还让自己的儿子跟别人姓。三观不正的父母会对孩子的教育产生不好的影响。孩子是父母的镜子，父母怎样，孩子就会显化、深化。我们只能为这个孩子感到深深的惋惜。这样的父母将会对孩子未来的人格发展、人生轨迹、恋爱婚姻产生很负面的影响。

周彬与李欣的婚姻以周彬提起诉讼离婚而告终。两人结婚本来就不是为了爱，而是秉承奉子成婚的世俗观念，是为了结婚而结婚，一段没有多少感情可言的婚姻也很难有好的前景。

在这段失败的婚姻中，我们可能会同情周彬，但“可怜之人必有可恨之处”，一个人最难的不是遇到多少艰难险阻，而是一直活在受害者模式里无法走出来，周彬就是这样。有时候不是李欣有多聪明，背着周彬出轨的行为有多隐晦，而是周彬的潜意识选择了逃避现实，即故意不去面对李欣的隐瞒，所以这段婚姻才能维持长达十年之久。表面上周彬是受害者，但其实是他的性格模式导致了自己的命运。他是那种哪怕不喜欢当前的生活也可以一直保持着不做任何改变的人，他没有勇气去改变现状，如果不是孩子说出了真相，也许他一辈子都会活在自己以为的世界里。

幸福美满的婚姻需要男女双方共同经营，在这个过程中，更需要彼此的包容，而这种包容是在夫妻双方能够保证对婚姻忠诚的前提下做出的。如果一方对婚姻不忠，另一方的“包容”就变成了“忍辱负重”，这样的婚姻关系终会在遵守夫妻忠诚义务的一方忍无可忍之后宣告终结。

法律链接

《中华人民共和国婚姻法》

第二十一条　父母对子女有抚养教育的义务；子女对父母有赡养扶助的义务。

父母不履行抚养义务时，未成年的或不能独立生活的子女，有要求父母付给抚养费的权利。

子女不履行赡养义务时，无劳动能力的或生活困难的父母，有要求子女付给赡养费的权利。

禁止溺婴、弃婴和其他残害婴儿的行为。

《中华人民共和国民法总则》

第一百二十条　民事权益受到侵害的，被侵权人有权请求侵权人承担侵权责任。

第一百二十二条　因他人没有法律根据，取得不当利益，受损失的人有权请求其返还不当利益。

《中华人民共和国侵权责任法》

第六条 行为人因过错侵害他人民事权益，应当承担侵权责任。

根据法律规定推定行为人有过错，行为人不能证明自己没有过错的，应当承担侵权责任。

3

假离婚变真离婚，妻子小三互换位

法律故事

天空灰蒙蒙的一片，压得人喘不过气来。赵慧心（化名）站在窗前，望着窗外高楼林立的城市，感觉熟悉而又陌生。广州，是她工作生活了十几年的地方，但此刻她却感觉孤独无助，仿佛早已被这座城市无情地抛弃了。她想起小的时候，父母离异，自幼跟随母亲长大，她很渴望父爱，却难以得到。

2003 年，赵慧心在北京工作的时候，认识了张天朔（化名）。当时，两人一见钟情，很快就确立了恋爱关系。恋爱中的女生总是全身心投入其中，想把最好的都给对方，赵慧心也不例外，在张天朔要回到自己的家乡广州工作时，她毅然决然地辞掉工作，追随张天朔来到了人生地不熟的广州。

2004 年，赵慧心与张天朔在众多亲朋好友的祝福下，迈入了婚姻的殿堂。结婚后，两人过起了“男主外，女主内”模式的生活。虽然工作、生活都在同一个城市，但丈夫工作很忙，每周只能回家一两天。家里大事小情全都落在了赵慧心一人身上。2006 年，他们在广州买了房，有了属于自己的小窝。2007 年，他们的女儿出生了。女儿出生后，张天朔不断地提出想再生一个儿子，而赵慧心因为身体原因，没法实现丈夫的想法。慢慢地，张天朔回家的时间越来越少了。

往后的日子，家里是“上有老，下有小”，赵慧心一边照顾年幼的女儿，一边服侍公婆，还要时常帮助丈夫打理生意。她就像一只被关在笼子里不停蹬转轮的仓鼠，一刻也不得闲，全心全意地为这个家庭付出。女儿的出生无疑为赵慧心打了一剂强心针，有可爱的女儿，有相爱的丈夫，她感觉生活充满了希望，再苦再累也都值得。然而张天朔非但没有对赵慧心的付出表示感激与理解，反而婚内出轨并欺骗她，勾结小三策划了一场“假离婚”变真离婚的戏码。

故事还要从2011年说起，那一年的广州阴雨连绵，接连几月都见不到太阳，长时间的阴雨天气让人也像发霉了一般，提不起精神来。也正是在那一年，广州出台了限购房屋的政策。张天朔觉得时机成熟，便编造了想多买一套房的谎言，提出与赵慧心“假离婚”以便再购置房屋，等赵慧心买房后再复婚。那时的赵慧心完全信任丈夫，没有多想，跟丈夫到民政局办理了协议离婚手续。“假离婚”后，两人还是像往常一样工作、生活，赵慧心仍旧每天过着相夫教子、孝顺公婆、操持家务的生活，张天朔还是每周回来一两天，和以前一样以“丈夫”的身份与赵慧心同床共枕。那时的赵慧心绝不会想到躺在自己身边的这个再熟悉不过的男人竟会欺骗自己，与自己渐行渐远。

购买了房屋后，赵慧心马上提出复婚，但张天朔再三推辞，复婚的事一拖再拖。俗话说得好，“纸包不住火”，事情总有败露的那一天。2016年底，赵慧心突然得知张天朔已再婚，而再婚的对象不是她……这个消息对她来说，犹如万箭穿心。赵慧心独自一人待在屋子里，心里空落落的，她抬起头，试图阻止眼角的泪水掉下来，然后甩了甩头发，乘车去找张天朔质问。

张天朔一脸冷漠地看着赵慧心，仿佛不认识面前的发妻。他承认自己出轨多年，自2006年与“小三”在东莞成立公司后，就偷偷与其同居。2007年女儿出生后，他看赵慧心不能生儿子，就与小三合谋欺骗赵慧心“假离婚”，事成之后不久就和“小三”结婚了。赵慧心面色惨白，强撑着听完了张天朔的回答。

字字如锥，锥锥钻心。赵慧心带着复杂的心情回到家，可叹自己辛辛苦苦为这个家操劳，不承想竟被丈夫和“小三”欺骗到如此境地，更可笑的是，还在“假离婚”后当了丈夫的真“小三”。赵慧心越想越气，请了律师，愤然向法院提起了诉讼，要求重新分割财产。后来，经过调解，张天朔同意一次性向赵慧心支付60万元，法院也为双方出具了调解书。

律师说法

本案主要涉及社会中常见的"假离婚"问题。目前，随着我国各地购房政策的出台，很多夫妻为了购买房屋而假离婚。"假离婚"本身就是错误的行为，当事人想要以虚假离婚的形式取得额外利益，既不利于国家政策的有效实行，又影响婚姻稳定，造成离婚率上升。因此，"假离婚"不能受到法律的保护。

我国《婚姻法》第三十一条规定："男女双方自愿离婚的，准予离婚。双方必须到婚姻登记机关申请离婚。婚姻登记机关查明双方确实是自愿并对子女和财产问题已有适当处理时，发给离婚证。"在我国，婚姻登记机关对离婚申请只进行形式审查，并不会审查离婚当事人的真实意图，只要双方表示自愿离婚，并根据法律程序办理了离婚登记，离婚便产生法律效力。因此，离婚只要办理了登记，从法律上来讲不存在真假之分。本案中，张天朔以购买房屋为借口，与赵慧心办理了离婚登记，双方离婚就已经生效了。虽然张天朔本意是真的离婚，赵慧心因受到欺骗而以为是"假离婚"，但离婚已成事实，即便赵慧心起诉至法院，也不能撤销双方离婚登记。

此外，"假离婚"还可能产生财产分割的问题。根据《最高人民法院关于适用〈中华人民共和国婚姻法〉若干问题的解释（二）》第九条的规定，男女双方协议离婚后一年内就财产分割问题反悔，请求变更或者撤销财产分割协议的，人民法院应当受理。人民法院审理后，未发现订立财产分割协议时存在欺诈、胁迫等情形的，应当依法驳回当事人的诉讼请求。参考《民法总则》中关于可撤销的民事行为的规定，如果离婚时财产分割协议存在欺诈、胁迫情形的，该协议可以撤销，双方应当依法对财产进行重新分割。虽然法律有这样的规定，但在司法实践中，对于是否构成"欺诈、胁迫"，法官在审查时会非常严格，只要当事人签订离婚协议时是头脑清醒，意识清晰，意思明确，对于离婚协议的文字内容完全理解，并在民政局办理离婚登记的工作人员面前自愿签名、打指模，就不会被认定为法律意义的"欺诈、胁迫"。

《民法总则》第五条规定，民事主体从事民事活动，应当遵循自愿原则，按照自己的意思设立、变更、终止民事法律关系。张天朔、赵慧心按照自己的意愿签订了离婚协议，是真实的意思表示，就应该对自己的行为承担法律后果。也就是说离婚协议有效，不可撤销。本案中，赵慧心起诉要求重新分割财产，依据法律规定法院并不会支持她的主张，但经过调解，张天朔良心发现，最终同意补偿赵慧心 60 万元。

不管是出于何种目的，“假离婚”始终存在很大的法律风险和道德风险。在现实生活中，很多当事人因某种目的“假离婚”，而最后却再也没有复婚。“假离婚”在一定程度上可能帮助双方达到规避某些政策的目的，但是这种行为不会受到法律保护。并且，可能会使得婚姻一方假戏真做，导致另一方人财两空。

心理分析

婚姻原本是无比神圣的，男女双方缔结婚姻后，家庭责任就是婚姻不可推卸的责任，这份责任虽然累但充满了快乐。可是，人心难测，面对婚姻和家庭，有些人缺乏责任心，欺骗对方、预谋出轨、草率离婚，这样的人不但会被人所不齿，还终将自食恶果。案例中的张天朔无疑是吞下了这枚苦果，但导致他们婚姻走向终结的不仅仅是张天朔的不负责任，赵慧心单方面的过度付出和无底线迁就早就为这场婚姻的结束埋下了伏笔。

赵慧心过于单纯，相信了丈夫张天朔假离婚的谎言。但她不知道的是，“假离婚”这个名词只存在于坊间，我国法律实行的是婚姻登记制度，一旦办理了离婚登记，就意味着婚姻关系的解除，也就是“真离婚”了，“假离婚”产生的法律后果与“真离婚”是一样的。那么，既然是这样，为什么赵慧心会因为买房而同意办理离婚呢？这一切要归结于赵慧心的成长背景和心理性格。

赵慧心父母在她年幼时离婚，单亲家庭的成长背景让她极度缺乏安全感，她渴望家庭的温暖，害怕被遗弃，所以才不惜一切代价去维系家庭关系。然而，她过于盲目，单纯地认为只要自己付出、忍耐，就会得到疼爱和理解，所以，她先是放弃了自己在北京的工作，追随男友到广州后就开始结婚生子，当上了家庭主妇，抚育孩子、照顾老人、操持家务，连丈夫行为习惯的改变、感情的变化都没有注意到。但越是这样过度地付出，无底线地投入，越会让对方有一种理所当然的优越感，不重视婚姻，降低对家庭的责任感和归属感。

当然，他们的婚姻最终走到无法挽回的境地，并非赵慧心一人造成的，张天朔的问题也不容忽视。我们相信张天朔在跟赵慧心交往初期确实培养了一定的感情，但随着事业越做越大，外界的诱惑也越来越多，他的欲望也越来越强，如他不仅想拥有更多的财富，更想有儿子传宗接代，继承家业。内心的渴望，再加上性格原因导致的自我意识强烈，责任心缺乏，才促使他渐渐地迷失自我，忘记了家里操劳的妻子、年幼的女儿。在欲望的驱使下，他为了达到目的不惜出轨，又为了保障未来儿子的利益，以办理假离婚来买房为由，诱骗结发妻子离婚。在他的世界里，只有自己的利益和需求，妻子和女儿都是可有可无的牺牲品。

对于张天朔的无耻行径，法律虽然无法对其进行处罚，但他必将受到道德的谴责和良心的拷问。当然，对于赵慧心的不幸，我们在同情之余，还要告诫婚姻生活中的女性，一定要擦亮眼睛，懂得判断男人、了解男人，不要被自己憧憬的美好蒙蔽了双眼。同时，还要学会自立、自强、自信，提高自身在婚姻生活中的价值，让双方共同付出，齐心协力经营好婚姻与家庭。

法律链接

《中华人民共和国民法总则》

第五条　民事主体从事民事活动，应当遵循自愿原则，按照自己的意思设立、变更、终止民事法律关系。

《中华人民共和国婚姻法》

第三十一条　男女双方自愿离婚的，准予离婚。双方必须到婚姻登记机关申请离婚。婚姻登记机关查明双方确实是自愿并对子女和财产问题已有适当处理时，发给离婚证。

《最高人民法院关于适用〈中华人民共和国婚姻法〉若干问题的解释（二）》

第九条 男女双方协议离婚后一年内就财产分割问题反悔，请求变更或者撤销财产分割协议的，人民法院应当受理。

人民法院审理后，未发现订立财产分割协议时存在欺诈、胁迫等情形的，应当依法驳回当事人的诉讼请求。

4

老人被当摇钱树，起诉离婚脱苦海

法律故事

夏日的清晨，太阳早早升起，张明宇（化名）像往常一样，下楼锻炼身体，虽然不再年轻，但是作为离休军人，这种早起锻炼的习惯早已是他生命中不可或缺的一部分了。当然，除了锻炼，对于张明宇来说，更重要的是可以和秦凤（化名）见面，说说话，聊聊天。

秦凤，丈夫去世多年，和张明宇住在同一个干休所里。同是丧偶的两个人，在遇到彼此之前都备感孤独，原以为今生只能孤独终老，没想到遇到了有缘人，还能互相照顾。就这样，两人开始了交往，一段时间后，便领了结婚证。张明宇觉得自己比秦凤大好几岁，应该多让着她，加上自己的大部分人生都在军旅中度过，生活上习惯了规矩朴素，所以决定把家里的财政大权交给秦凤掌管。张明宇作为离休军官，每个月有2万元退休金，加上秦凤的1万元退休金，两位老人每月的收入高达3万元。

张明宇不忍心让秦凤做家务活，给家里找了全职保姆。秦凤觉得张明宇对自己非常好，很是感动。张明宇也没想到自己的后半生能再次遇到一个合适的老伴儿，有了秦凤的陪伴，钱对自己来说更加不重要。就在张明宇觉得幸福再次来敲门时，意想不到的事情发生了。

一日，张明宇发现，秦凤把自己掌管的钱全部给了她的大儿子秦大河（化名）。张明宇问秦凤，秦凤称："大河失业了，没什么收入，孩子这么难，当妈的也不能不管啊。"张明宇觉得秦凤说得也有道理，自己和秦凤既然成了一家人，大河的事也是自己的事，该管的还是应该管。于是他对这个事情就没有再继续追究。

可是在之后的几年中，张明宇多次发现秦凤悄悄取走银行卡里的钱，对她有些失望了，两人开始争吵。张明宇一气之下想要回银行卡，却遭到了拒绝。秦凤对他说："老张，当初你说我比你小，嫁给你委屈了，是你自己把银行卡交给我掌管的，你现在想要回去，没门！"张明宇被气坏了，摔门而出，找到了军区干休所政委，经政委出面调解，才要回了自己的银行卡和存折。张明宇到银行查看余额，心里咯噔一下，自己这些年的退休金和其他积蓄少说也有200万元，再怎么花钱也能剩下100万元啊，可是现在却少得可怜。张明宇气愤地回到了家，捂着被气得隐隐作痛的心脏，向秦凤要一个说法。

秦凤看到张明宇，心里早就明白了是怎么回事，她不屑地说道："咱家的钱，我买理财产品了，给孩子买房了，怎么了，不行吗？"张明宇说："你花每笔钱，都得跟我商量一下吧。"秦凤说道："这有什么可商量的，你就是不信任我！"秦凤趁机和张明宇争吵，张明宇无力争吵，提出："以后各自的退休金归各自管理，我负责70%的生活费，你承担30%的生活费，以每月9000元为基数。"秦凤一听，暴跳如雷，大喊："张明宇，如果你敢这么干，咱俩就离婚！家里的财产必须由我来管！"

在之后的几天，秦凤就像个泼妇一样，每天对张明宇大喊大叫，不仅以离婚相威胁，甚至还对他使用暴力手段进行欺辱。张明宇没想到秦凤竟然会变成这个样子，失望、绝望的情绪涌上心头，近乎崩溃。后来张明宇实在无法忍受，不得不搬离自己的房子，到大女儿家居住。经过大女儿的开导，回想这几年秦凤的所作所为，张明宇终于明白，其实对于这场"黄昏恋"，一直是自己在一厢情愿，秦凤自始至终都在把自己当成摇钱树，从未想过跟自己好好过日子。

张明宇在女儿的陪伴下，到法院起诉离婚。法院最终判决离婚，各自房屋归各自所有。但对于秦凤在婚姻关系存续期间挥霍使用的100多万元，因为张明宇没有证据证明是秦凤在离婚期间转移财产，法院最终认定属于夫妻正常开销，不再分割。

律师说法

我国《婚姻法》第十七条规定，夫妻在婚姻关系存续期间所得的下列财产，归夫妻共同所有：（一）工资、奖金；（二）生产、经营的收益；（三）知识产权的收益；（四）继承或赠与所得的财产，但本法第十八条第三项规定的除外；（五）其他应当归共同所有的财产。夫妻对共同所有的财产，有平等的处理权。同时，我国《最高人民法院关于适用〈中华人民共和国婚姻法〉若干问题的解释（二）》第十一条规定，婚姻关系存续期间，下列财产属于婚姻法第十七条规定的“其他应当归共同所有的财产”：（一）一方以个人财产投资取得的收益；（二）男女双方实际取得或者应当取得的住房补贴、住房公积金；（三）男女双方实际取得或者应当取得的养老保险金、破产安置补偿费。由此可见，在没有特别约定的情况下，个人在婚姻关系存续期间所得的财产属于夫妻共同所有。本案中，张明宇和秦凤结婚后，两人婚后所得的退休金及其他收入属于夫妻共同财产。

案例中秦凤使用夫妻共同财产给自己的儿子秦大河购买房屋的行为，涉及婚姻关系中的日常家事代理权问题。《最高人民法院关于适用〈中华人民共和国婚姻法〉若干问题的解释（一）》第十七条规定，婚姻法第十七条关于“夫或妻对夫妻共同所有的财产，有平等的处理权”的规定，应当理解为：（一）夫或妻在处理夫妻共同财产上的权利是平等的，因日常生活需要而处理夫妻共同财产的，任何一方均有权决定；（二）夫或妻非因日常生活需要对夫妻共同财产做重要处理决定，夫妻双方应当平等协商，取得一致意见。他人有理由相信其为夫妻双方共同意思表示的，另一方不得以不同意或不知道为由对抗善意第三人。本案中，在夫妻关系存续期间，秦凤用夫妻共同财产给秦大河购买房屋明显不属于日常生活的需要，必须由夫妻双方协商一致才能作出决定，而秦凤并未告知张明宇，更未征得他的同意。秦大河如果没有理由相信母亲给他买房是征得了张明宇的同意，就无法成为善意第三人，这将使得秦凤对夫妻共同财产的处分属于无权处分，以此购买的房屋可以作为夫妻共同财产在离婚时予以分割。

此案还涉及夫妻一方转移财产的问题。《婚姻法》第四十七条第一款规定："离婚时，一方隐藏、转移、变卖、毁损夫妻共同财产，或伪造债务企图侵占另一方财产的，分割夫妻共同财产时，对隐藏、转移、变卖、毁损夫妻共同财产或伪造债务的一方，可以少分或不分。离婚后，另一方发现有上述行为的，可以向人民法院提起诉讼，请求再次分割夫妻共同财产。"在本案中，张明宇在离婚时不能提供证据来证明秦凤转移了财产，因此根据谁主张谁举证的原则，法院无法认定秦凤转移财产。

在婚姻之中，夫或妻一方如果完全将家里的财产权交给另一方，对于家里的财产状况不闻不问，就会存在很大的风险。一旦双方发生离婚纠纷，很容易给掌管财产的一方提供转移财产的机会。而在司法实践中，重组家庭中因为经济纠纷导致夫妻感情破裂的情况比比皆是。夫妻双方对于共同财产应当共同管理并互相监督，以保证家庭财产的合理使用，同时也可以防止双方权益受到侵害。

心理分析

恋爱是两个人的事，而婚姻却是两个家庭的事情。经营婚姻需要智慧，二婚生活的经营更需要博弈的智慧。其中，男女双方不但要妥善处理双方之间的感情和关系，更要妥善处理双方子女的关系和利益，否则很可能会引发一系列的危机，影响二人的感情和婚姻生活。有时候，危机可能是隐含的，但积累到一定程度后就会爆发，案例中张明宇和秦凤的矛盾就是这样的。

张明宇作为一名离休军官，为人正直又心思简单，对家庭有责任感，充分信任自己的配偶，否则，他不会给予秦凤如此悉心的爱护，不但请了保姆照顾她，还把自己的银行卡也交给她管理。张明宇自知已经步入老年，能遇到秦凤非常不容易，但他没有意识到自己内心的匮乏，在与秦凤相处时有很大的讨好成分，为秦凤付出了很多，而且还很放任、纵容秦凤。他多年来对妻子如何处置自己的财产睁一只眼闭一只眼，这在无形中增加了秦凤的优越感，使她随意支配夫妻双方的共同财产，而丝毫不为丈夫及丈夫的家庭考虑。

张明宇没有经营好自己的重组家庭，多少也与其性格和情商有关。既然结婚建立家庭，他就有义务和责任去管理夫妻共同财产，至少也应该关心一下，但是，因为他耿直有余，智慧不足，不懂得人心的复杂，不懂得再婚家庭关系的敏感，导致自己既损失了一百多万元，又受到了情感的沉重打击。

当然，秦凤的内心也是非常匮乏的。她的举止行为表面上是源于丈夫的放任、纵容，实际上则应归咎于她自己内心不可抑制的匮乏感，否则，她不可能有如此强的抓取感。她的目光非常短浅，做法非常自私、势利，只懂得索取而不知道付出。而这一切是因为早年丧夫，儿子又一事无成，使她一直缺乏安全感。尽管与张明宇再婚后，张明宇对她关怀备至，但她觉得张明宇比她年纪大，肯定会比她早离世，不安全感又开始加重，所以，她只能寄希望于不成器的儿子，把财物都偷偷给了他。

在秦凤的世界观里，她看不到丈夫对自己的信任，也看不到丈夫的付出。事实上，她只要好好地照顾张明宇，管理好双方的财产，平衡好双方子女的利益关系，那就可以长久地享受和张明宇在一起的舒适生活。但是，她只顾自己和儿子的眼前利益，结果却亲手毁掉了一段本来还不错的婚姻。

古语云："厚德载物"，德行不够的人，即使曾经得到，最终也无法承载自己所拥有的一切。秦凤只看到自己门前的一亩三分地，根本看不到未来的广阔空间。而张明宇虽然内在丰盈饱满，却因情商和智慧的匮乏失却了本应有的幸福晚年。

法律链接

《中华人民共和国婚姻法》

第十七条　夫妻在婚姻关系存续期间所得的下列财产，归夫妻共同所有：

（一）工资、奖金；

（二）生产、经营的收益；

（三）知识产权的收益；

（四）继承或赠与所得的财产，但本法第十八条第三项规定的除外；

（五）其他应当归共同所有的财产。

夫妻对共同所有的财产，有平等的处理权。

第四十七条 离婚时，一方隐藏、转移、变卖、毁损夫妻共同财产，或伪造债务企图侵占另一方财产的，分割夫妻共同财产时，对隐藏、转移、变卖、毁损夫妻共同财产或伪造债务的一方，可以少分或不分。离婚后，另一方发现有上述行为的，可以向人民法院提起诉讼，请求再次分割夫妻共同财产。

人民法院对前款规定的妨害民事诉讼的行为，依照民事诉讼法的规定予以制裁。

《最高人民法院关于适用〈中华人民共和国婚姻法〉若干问题的解释（一）》

第十七条 婚姻法第十七条关于"夫或妻对夫妻共同所有的财产，有平等的处理权"的规定，应当理解为：

（一）夫或妻在处理夫妻共同财产上的权利是平等的。因日常生活需要而处理夫妻共同财产的，任何一方均有权决定。

（二）夫或妻非因日常生活需要对夫妻共同财产做重要处理决定，夫妻双方应当平等协商，取得一致意见。他人有理由相信其为夫妻双方共同意思表示的，另一方不得以不同意或不知道为由对抗善意第三人。

《最高人民法院关于适用〈中华人民共和国婚姻法〉若干问题的解释（二）》

第十一条 婚姻关系存续期间，下列财产属于婚姻法第十七条规定的"其他应当归共同所有的财产"：

（一）一方以个人财产投资取得的收益；

（二）男女双方实际取得或者应当取得的住房补贴、住房公积金；

（三）男女双方实际取得或者应当取得的养老保险金、破产安置补偿费。

第五章
婚姻需要用心去经营

1

骄纵女任性无度，丈夫无奈终分离

法律故事

吴译（化名）走在回家的路上，抬头望望天空，很蓝，太阳虽然马上要落山了，但是，依旧很灿烂。看着手里的离婚判决书，他长舒了一口气，自言自语道："我终于解脱了……"

吴译与王小云（化名）都在吴译父亲任教的兰州某中学读书，吴译比王小云高一年级。王小云和其他同学经常到吴译家里，请吴译的父亲帮助补习功课，在这个过程中，王小云获得了从未有过的信心和幸福感。王小云和吴译也由此相识，并互生爱慕之心。读高中时，两人确定了恋爱关系。

2012 年，王小云家里因父亲在外负债累累，母亲一气之下带她搬到了广州居住。2013 年，吴译大学毕业，为了结束异地恋，毅然决然地考取了广州市的公务员。2016 年，两人登记结婚并在兰州举办了婚礼。同年，王小云的父母正式离婚。

在王小云小学阶段，父亲在外忙事业，很少回家。他只想着满足女儿的物质需求，却从未重视过女儿精神层面上的心理需求。母亲常常抱怨他"不回家，不管她们娘俩，就知道扔几个臭钱"。王小云与母亲朝夕相伴，母亲对她百依百顺，娇生惯养，久而久之，王小云养成了娇纵任性的脾气。

在谈恋爱时，吴译对王小云百般呵护，觉得有她这样"小任性"的恋爱才更有情趣，结婚后肯定会不一样的。可是，婚后王小云的脾气不但没有变好，甚至比原来更差了。

2016 年七夕时，吴译因工作繁忙，忘了给王小云买礼物。王小云大发脾气，对他说："我是你老婆吗？你心里根本就没有我，一点儿也不爱我，居然连七夕节礼物都能忘记买，我要和你离婚。”吴译听了王小云的话，觉得是自己错了，不断道歉，又把礼物补上，才平息了她的情绪。

生活还在继续，但王小云并未随着岁月流逝而“长大”。2016 年 12 月的一天，王小云下班之后，不想坐地铁回家，便给吴译打电话：“老公，我今天不想挤地铁了，你开车来接我吧！”但是，当天堵车非常严重，吴译便和王小云说让她打车回来。王小云回到家后，又开始和吴译大吵大闹，口口声声地说要离婚。吴译一直道歉，可王小云却不依不饶。此时，吴译觉得自己有点儿累了，自从结婚之后，好像每天都在跟老婆道歉。

2017 年，王小云怀孕了。春节时，吴译带着她回了兰州老家。在老家吴译与父母将王小云照顾得无微不至。然而，回到广州后，王小云又故意找茬，称吴译和他的父母没有尽心照顾自己。吴译生气地说：“你还想让我们怎么照顾你，把你像菩萨一样供着吗？”两人为此争吵不休。王小云的妈妈得知后，不但没有劝说女儿，反而让她打掉孩子，然后离婚。吴译不忍心孩子被打掉，坚决不同意离婚。

2017 年 8 月，王小云的预产期临近，吴译的父母从兰州赶到广州看望他们，准备迎接孙子的出生。王小云提出要去月子中心坐月子，并让公公婆婆支付这笔费用。月子中心的费用非常高，一个月的花费相当于老两口半年的收入，但为了儿子，他们还是咬牙答应了。平日里，王小云丝毫不顾忌公婆的颜面，经常与吴译吵架，甚至破口大骂。没有等到孩子出生，吴译的父母就回了兰州。

2017 年 9 月，王小云生下了孩子。在月子中心，她依旧和吴译大吵大闹，一不开心就“一哭二闹三跳楼”。吴译觉得很疲倦，不知该如何继续与她一起生活。就在这时，吴译在工作中认识了老乡张梦佳（化名）。张梦佳刚刚和男朋友分手，而吴译每天被老婆折磨得苦不堪言，为此，两人惺惺相惜，互吐苦水。不久，吴译出轨了。王小云发现之后，便请私家侦探跟踪吴译，并当场捉奸，拍下照片作为证据。

2018 年 1 月，王小云将吴译诉至法院，要求法院判决离婚，让吴译净身出户，每月支付抚养费 10000 元。在诉讼期间，王小云除了经常到吴译的单位闹事之外，为了拖延诉讼时间，拖垮吴译，让他妥协，还经常在庭审过程中更换律师，不断要求法院再次开庭。后来，法院发现了他们夫妻感情破裂的根本原因，依法判决离婚，夫妻共同财产对半分割，吴译需每月支付孩子抚养费 3000 元，直到 18 岁。

就这样，在王小云的骄纵任性之下，这段婚姻结束了。吴译也终于得以解脱，觉得自己从未如此轻松……

律师说法

本案涉及夫妻间应相互尊重的问题。我国《婚姻法》第四条规定："夫妻应当互相忠实，互相尊重；家庭成员间应当敬老爱幼，互相帮助，维护平等、和睦、文明的婚姻家庭关系。"在本案中，王小云与吴译作为夫妻，两人在家庭中的地位是平等的，应该互相尊重，互相帮助。然而王小云非常任性，不但不尊重吴译，甚至在公婆面前对他破口大骂。也正是由于她的任性，导致吴译出轨，两人的感情最终破裂。

本案还涉及离婚时夫妻财产分割的问题。我国《婚姻法》第三十九条第一款规定："离婚时，夫妻的共同财产由双方协议处理；协议不成时，由人民法院根据财产的具体情况，照顾子女和女方权益的原则判决。"同时，为了惩罚婚姻关系中的过错方，《最高人民法院关于人民法院审理离婚案件处理财产分割问题的若干具体意见》明确规定，人民法院审理离婚案件对夫妻共同财产的处理，应当坚持照顾无过错方原则。换言之，法院在处理夫妻双方离婚财产分割纠纷时，如果一方存在与他人同居、实施家庭暴力等行为时，则属于过错方，在分割财产时，法院可能会判决无过错方多分财产。在本案中，吴译婚内出轨，原则上他应该属于过错方。但是，双方夫妻感情破裂的真正原因在于王小云的骄纵任性。王小云也应当为自己的种种"任性所为"承担责任。因此，即便王小云在离婚诉讼中提出要求吴译净身出户，法院依然可以根据公平原则判决双方平均分割夫妻共同财产。

此外，本案也涉及抚养费问题。我国《婚姻法》第三十七条规定："离婚后，一方抚养的子女，另一方应负担必要的生活费和教育费的一部或全部，负担费用的多少和期限的长短，由双方协议；协议不成时，由人民法院判决。"《最高人民法院关于人民法院审理离婚案件处理子女抚养问题的若干具体意见》

第七条第一款规定：“子女抚育费的数额，可根据子女的实际需要、父母双方的负担能力和当地的实际生活水平确定。”在本案中，王小云提出要求吴译每月支付 10000 元抚养费的数额过高，最后法院根据双方的负担能力和当地的生活水平等综合因素，判决吴译每月支付抚养费 3000 元。

在婚姻中，夫妻双方的地位是平等的，夫妻之间应该互相理解，互相尊重，任何一方都不能任意妄为、肆无忌惮。特别是一些女孩在原生家庭养成“公主病”，并把这“病”带到婚后生活中，动不动就发脾气，使性子，严重影响夫妻感情，并且经常拒绝过性生活，客观上“逼迫”丈夫出轨，进一步加快了感情破裂的速度。

心理分析

对于一个家庭而言，父母是树根，子女是花朵，花儿能否绽放，取决于树根是腐烂还是强壮。子女身上出现的问题，不少是原生家庭父母原本存在的问题，只是换了一种方式在重复而已。一个幸福美满的家庭培育出来的孩子，往往是温顺、和善、积极、外向的，而家庭如果破碎了，孩子会或多或少地受到影响，性格秉性也会发生改变。本案中的王小云和吴译就是受不同原生家庭影响而产生不同性格秉性的真实写照，他们截然不同的成长经历，造就了迥异的性格，而这种不同，为他们的婚姻埋下了终结的种子。

按理说，王小云和吴译从初中相识相知到工作后顺理成章地结婚生子，双方的感情基础非常稳固，彼此之间也应该非常了解，白头偕老是情理之中的事情。可是，恰恰因为原生家庭的影响，使得他们无法相守到老。吴译生长在一个和睦的家庭，父母也通情达理，因此，他对王小云一直很包容，真心实意为妻子付出，称得上是一个“暖男”。尤其难得的是，吴译的父母也没有介入他们小两口的生活，尽管不喜欢王小云的所言所行，但并没有过多干涉，而是选择静静地离开。

拥有这样细心体贴的丈夫、深明大义的公婆，王小云的生活本可以幸福美满，但可惜的是，她在童年时期背负了比同龄人更多的负能量，已经超出了心理上能够承受的范围。王小云虽然不是单亲家庭，但父亲却缺席了她的成长。可以说，她在母亲的骄纵和对父亲的抱怨中长大。王小云的母亲焦虑、缺乏安全感，无法给予女儿积极向上、充满安全感的心态。她甚至怂恿王小云堕胎、离婚，如此丧失人性的母亲，也造就了任性无度的女儿。

王小云结婚的同一年，她的父母正式离婚，这也使得她瞬间对期待已久的婚姻和情感的深度连接失去了信任感和归属感。原本是应该被祝福的喜事，却看到了“感觉像是被诅咒”的父母离婚。这又让她内心有一种难以言喻的破坏力，不会好好沟通，只懂得暴力相对。

当王小云冲吴译发脾气，说“我是你老婆吗？你心里根本就没有我”时，实际上演绎的是她母亲在对父亲发脾气。当王小云跟吴译撒娇，说“我不想挤地铁，你开车来接我吧”时，实际上折射的是她母亲对父亲内心的呼喊。王小云对吴译和公婆的照顾，没有心存感恩，反而指责他们“没有尽心照顾自己”，实际上是在指责她父亲这些年没有尽心照顾她和母亲。王小云这种永不满足，对吴译大吵大闹，在精神上折磨，在物质上索取的表现，都是过去她父母之间相处模式的重现。

吴译身心俱疲，当老乡张梦佳出现时，让他有了一种“同是天涯沦落人”的感觉，两人惺惺相惜，此时距吴译与王小云离婚也就不远了。在心理学上，有一种现象叫做创伤后应激障碍，是指个体目睹、遭遇到异常激烈的精神刺激后，延迟发生和持续存在的一类精神焦虑障碍。比如当我们遭受灾难、失业、失败、离婚等刺激事件后，相当长的一段时间（如果不及时处理，甚至可能是终生）都会沉浸在悲伤中而无法自拔。吴译就遭受了这样的一种创伤，他从内心已经无法接纳妻子，无论是出轨，还是离婚，对他而言都是一种解脱。

王小云经历了这场失败的婚姻后，应该也会有所收敛，得到成长。有时候，离开是为了更好地开始，希望他们都能早日找到心灵的归宿。

法律链接

《中华人民共和国婚姻法》

第四条 夫妻应当互相忠实，互相尊重；家庭成员间应当敬老爱幼，互相帮助，维护平等、和睦、文明的婚姻家庭关系。

第三十七条　离婚后，一方抚养的子女，另一方应负担必要的生活费和教育费的一部或全部，负担费用的多少和期限的长短，由双方协议；协议不成时，由人民法院判决。

关于子女生活费和教育费的协议或判决，不妨碍子女在必要时向父母任何一方提出超过协议或判决原定数额的合理要求。

第三十九条　离婚时，夫妻的共同财产由双方协议处理；协议不成时，由人民法院根据财产的具体情况，照顾子女和女方权益的原则判决。

夫或妻在家庭土地承包经营中享有的权益等，应当依法予以保护。

《最高人民法院关于人民法院审理离婚案件处理财产分割问题的若干具体意见》

人民法院审理离婚案件对夫妻共同财产的处理，应当依照《中华人民共和国婚姻法》《中华人民共和国妇女权益保障法》及有关法律规定，分清个人财产、夫妻共同财产和家庭共同财产，坚持男女平等，保护妇女、儿童的合法权益，照顾无过错方，尊重当事人意愿，有利生产、方便生活的原则，合情合理地予以解决……

《最高人民法院关于人民法院审理离婚案件处理子女抚养问题的若干具体意见》

7. 子女抚育费的数额，可根据子女的实际需要、父母双方的负担能力和当地的实际生活水平确定。

有固定收入的，抚育费一般可按其月总收入的百分之二十至三十的比例给付。负担两个以上子女抚育费的，比例可适当提高，但一般不得超过月总收入的百分之五十。

无固定收入的，抚育费的数额可依据当年总收入或同行业平均收入，参照上述比例确定。

有特殊情况的，可适当提高或降低上述比例。

2

中国老婆施家暴，外国老公诉离婚

法律故事

秋天来了。广州的秋天并不冷，彼得（化名）却感觉到了阵阵的凉意。回想这几年的婚姻生活，他仍心有余悸……

彼得，南美洲某国人，经济学博士，父母都是知识分子，家庭环境优越，人也长得英俊帅气。在他第一次来到中国时，就被中国的文化和大好河山深深吸引，于是就留在中国工作、生活。彼得非常热爱舞蹈，参加了一个舞蹈俱乐部，并在这里与有同样兴趣的李玲（化名）相识。两人很快成了好朋友，不久，就陷入了热恋。

在恋爱期间，李玲脾气有点大，不时和彼得吵架。而且李玲也透露她的妈妈多年以来都有抑郁情绪，对她非常严格，还经常打骂她，自从父亲抛弃她们以后，妈妈就经常跟她哭诉。当时彼得陷入了热恋中，并没有想到这些会影响到他们的关系，只认为这可能是中国家庭的特点，便没有在意。相恋两年后，2009 年 10 月，两人登记结婚了。结婚之后，他们移居到广州生活。次年，李玲生下一个男孩。

在结婚之后，由于文化、地域、生活方式的巨大差异，两人的观点经常不一致，总是闹矛盾，夫妻关系非常不和谐。体院毕业的李玲身材匀称，动作敏捷，不同于普通女子的娇弱，打起丈夫来，那叫一个“得心应手”，而斯文的彼得无半点还手之力。

李玲的脾气越来越差，经常对彼得实施家庭暴力，两人之间的矛盾日益加剧。2015 年 4 月的一天，李玲想进彼得的办公室，彼得没有给她开门，李玲竟然将办公室的玻璃门砸坏后闯进去，当着公司员工的面，殴打彼得。彼得的同事们过来劝阻，李玲与怀孕的女同事发生冲突，导致该女同事因害怕而辞职。李玲的嚣张行为使彼得的工作几度陷入停滞。

李玲不但对丈夫实施家庭暴力，还经常在外与他人吵架，甚至大打出手。李玲在广西旅游时，因为不满房租的价格与两个妇女对骂，出手将人打伤。还有一次，李玲因为在公共场合与他人打架斗殴，被公安机关行政拘留。彼得只要和李玲外出，就提心吊胆，害怕她与别人吵架。在家里，他更是恐惧，担心自己哪句话说得不对，让李玲发脾气，招致毒打。此外，由于李玲经常当着孩子的面对彼得实施家暴、在公共场合与他人打架，给孩子造成了非常不好的影响，他在学校经常和其他同学发生矛盾，还殴打他们。

彼得几乎每天都生活在恐惧之中，虽然他也曾报警求助过，但是事后李玲还是没有悔改。对于妻子的种种暴力倾向，彼得尽管一再忍让，但他还是觉得这种行为近乎病态。果真，经医院诊断，李玲患有“I 型双相情感障碍”。彼得多次陪她到医院的心理科室进行诊治，可却一直没有好转。

终于，彼得再也无法忍受了，他选择了“逃离式的解脱”。2013 年 5 月，彼得搬出去居住，与李玲分居。2015 年 10 月，彼得向广州市某法院起诉离婚，并要求抚养孩子。由于李玲坚决不同意离婚，法院作出了不予离婚的判决。2017 年 2 月，彼得第二次向法院起诉离婚，并要求抚养孩子。就在第二次诉讼离婚期间，李玲再次失控，在大庭广众下，当着儿子的面将彼得打得头破血流。这一次，法院判决了离婚。但遗憾的是，彼得没有获得儿子的抚养权。

彼得是那么爱自己的儿子。他曾陪儿子走过许多中国的大好河山，陪他上下学，陪他学习外语。他希望儿子不要受到妻子暴躁性格的影响，做一个积极、乐观、感恩、包容的人。但是，现实就是现实，彼得是外国人，每次在中国连续生活时间不能超过 180 天。而儿子一直在中国广州生活、学习，在父母分居的这几年，也一直跟随母亲生活。法院基于儿童利益最大化原则，判决孩子归李玲抚养。

至此，一段跨国恋画上了一个句号……

律师说法

本案主要涉及家庭暴力的问题。我国《婚姻法》规定，禁止家庭暴力以及家庭成员之间的虐待行为。夫妻之间应当互相尊重，家庭成员之间应互相帮助，维护和睦的家庭关系。我国《反家庭暴力法》第二条规定：“本法所称家庭暴力，是指家庭成员之间以殴打、捆绑、残害、限制人身自由以及经常性谩骂、恐吓等方式实施的身体、精神等侵害行为。”家庭暴力是发生在家庭成员之间的，并不一定是男方对女方施行，女方对男方施行相应的暴力行为也属于家庭暴力。实践中，因家庭暴力造成夫妻感情破裂，导致离婚的案件占离婚案件总数的30%左右。在本案中，李玲作为彼得的妻子，经常对彼得施暴的行为已经构成了家庭暴力。此时，彼得除了可以向有关单位进行求助或者报警之外，还可以向法院申请人身安全保护令，来免受李玲的殴打以及骚扰，从而避免自己再次受到伤害。

如前所述，家庭暴力是法律所禁止的。在夫妻之间，如果一方实施家庭暴力，根据我国《婚姻法》的规定，受害的一方可以以对方实施家庭暴力为由向法院提起离婚诉讼，并请求离婚损害赔偿。在本案中，彼得可以以李玲实施家庭暴力为由向法院起诉离婚，同时还可以在离婚诉讼中请求离婚损害赔偿。

此外，本案还涉及离婚后子女抚养的问题。在这个问题上，我国坚持儿童利益最大化原则，即从有利于儿童成长的角度出发，选择最有利于他们健康发展的生活环境。在本案中，虽然李玲有暴力倾向，但是，孩子一直跟随她在广州生活，而彼得是外国人，每次在中国居住的时间不能超过180天，由彼得抚养儿子，可能更不利于他的健康成长。所以，法院综合所有的因素，根据儿童利益最大化原则，最终将孩子判决给了李玲抚养。而彼得虽然没有得到抚养儿子的资格，但是依法享有探望权，可以去定期看望他。

在婚姻生活中，夫妻之间应当互相关爱，和睦相处，履行家庭义务。实施家庭暴力不仅会导致家庭的破裂，最终也会自食其果。

心理分析

一般而言，门当户对的婚姻观确实符合现实环境。当然，这里所说的并不仅仅是男女双方家庭的经济情况、社会地位、职业相当，更重要的是学识、家教、品性的接近，这样的结合，才会成就幸福的婚姻家庭生活，否则夫妻不睦，儿女受罪。就像案例中的彼得和李玲，他们之间本身就存在着巨大的中西文化差异，而在相处过程中又没有正视这些差异，更没有放下固执，互相包容和理解，这才造成了婚姻破裂的悲剧。

从表面上看，彼得是这场婚姻的受害者，但从心理学的角度来说，这场婚姻中并没有真正的受害者。每个人都有保护自己的能力，彼得可以，李玲也可以。李玲一开始只是脾气有点火爆而已，不能证明她当时就存在精神问题。但李玲的情绪越来越糟糕，最终被诊断为“I 型双相情感障碍”，这和彼得与她的互动方式有密切关系。我们无法否认人与人之间都是一面镜子，关心会得到关心，而冷漠也会换来冷漠。因此，造成李玲暴力倾向越来越严重的，很有可能是“彼得也是用暴力的方式对待她的”。俗话说，“一个巴掌拍不响”，如果彼得真的懂得爱和包容李玲，给予她充分的安全感，那也许李玲的情绪问题就有可能缓解甚至疗愈，而不至于越来越严重。如果彼得真的是用冷暴力对待李玲，那么李玲的暴力行为就是情有可原的，彼得就算不上真正的受害者。

李玲在初识彼得时只是爱发脾气，并没有发展到严重的抑郁情绪和躁狂的情况。李玲病情的发展，一方面是受自己原生家庭的影响——她的母亲有比较严重的抑郁情绪，对她很严厉还经常打骂，并且经常对着她抱怨丈夫抛弃她们，这就导致李玲从小就有很深的心理创伤，觉得男人都不靠谱。遇到彼得后，虽然他们相恋结婚了，但由于彼得非常英俊且有魅力，令她更没有安全感。她自卑，担心因为自己不够好，彼得遇到新欢后会将自己抛弃，所以，她才会不断地质疑彼得，不断地升级两人的矛盾，创造更多的裂痕去证明男人都是不值得被信任的。另一方面是由于彼得没有给予她足够的安全感，李玲病情发作的时候注意力不能集中，不能自我控制，很容易受到外界影响，此时，如果她身边有一个让她有安全感的人，她就可以缓解抑郁和躁狂的情况。然而，从李玲的病情发展来看，彼得并没有很好地帮助她，反而用冷暴力来对抗暴力。

在这个案例中，彼得和李玲都是婚姻的输家。面对文化差异，相处肯定不易，这就需要双方放下执着，不那么固守在自己的文化体系里面，主动走出心理舒适区，不断地尝试融入对方的家庭文化，才有可能相处得比较和谐。

法律链接

《中华人民共和国婚姻法》

第三条　禁止包办、买卖婚姻和其他干涉婚姻自由的行为。禁止借婚姻索取财物。

禁止重婚。禁止有配偶者与他人同居。禁止家庭暴力。禁止家庭成员间的虐待和遗弃。

第四条　夫妻应当互相忠实，互相尊重；家庭成员间应当敬老爱幼，互相帮助，维护平等、和睦、文明的婚姻家庭关系。

第三十八条　离婚后，不直接抚养子女的父或母，有探望子女的权利，另一方有协助的义务。

行使探望权利的方式、时间由当事人协议；协议不成时，由人民法院判决。

父或母探望子女，不利于子女身心健康的，由人民法院依法中止探望的权利；中止的事由消失后，应当恢复探望的权利。

第四十六条　有下列情形之一，导致离婚的，无过错方有权请求损害赔偿：

（一）重婚的；

（二）有配偶者与他人同居的；

（三）实施家庭暴力的；

（四）虐待、遗弃家庭成员的。

《中华人民共和国反家庭暴力法》

第二条　本法所称家庭暴力，是指家庭成员之间以殴打、捆绑、残害、限制人身自由以及经常性谩骂、恐吓等方式实施的身体、精神等侵害行为。

第二十三条 当事人因遭受家庭暴力或者面临家庭暴力的现实危险，向人民法院申请人身安全保护令的，人民法院应当受理。

当事人是无民事行为能力人、限制民事行为能力人，或者因受到强制、威吓等原因无法申请人身安全保护令的，其近亲属、公安机关、妇女联合会、居民委员会、村民委员会、救助管理机构可以代为申请。

3

一片痴心难聚爱，坚强勇敢做自己

法律故事

“丁零零……”早上六点的闹钟铃声一响，苏晓月（化名）就像一个战士一样开始了自己一天的“战斗”。她简单洗漱后，便跑进厨房把昨天晚上泡好的米放进锅里煮，然后开始制作儿子点名要吃的小油饼。油饼制作完成，白米在锅里翻滚着，丈夫郭明（化名）才从卧室里迷迷糊糊地走出来开始洗漱。郭明从小备受母亲宠爱，家务活是从不沾手的。苏晓月看了一眼表，七点整，她满意地抬了抬嘴角，时间计算得刚刚好。等郭明从卫生间洗漱出来，桌上已经摆好了可口的早餐。一家人吃完饭后，苏晓月简单收拾了一下就送儿子上学，然后再去上班。这是苏晓月每天都要进行的“战斗”，虽然辛苦，但是她觉得丈夫的事业正处于上升期，工作繁忙，自己累点苦点也可以承受。

一天，苏晓月正在投入地工作，突然，手机铃声响了，电话另一端是一个年轻女孩的声音，很甜，却在诉说着一件残酷的事情：郭明出轨了！并且他对女孩谎称自己离异，女孩打电话来就是好意提醒苏晓月。这个电话压得苏晓月透不过气来，一股浓浓的悲伤涌上心头。

苏晓月在一个循规蹈矩的家庭中长大，母亲是典型的“奉献型”家庭主妇。苏晓月和郭明是大学恋人，她一毕业就进入商务部直属的事业单位工作，各方面条件都很不错。反倒是郭明，虽然毕业早，但是工作一直不稳定。直到儿子出生后，他才在苏晓月娘家人的疏通下入职一家国内知名的地产公司，事业才慢慢有了起色。苏晓月体谅丈夫的辛苦，而他却把这样的一把刀狠狠地插进了她的胸口，她感觉心里一阵绞痛。当晚，郭明回来已是夜里两点，苏晓月什么也没说，她对这个家付出太多了，不想让自己的心血就这样毁了。

日子还和往常一样，苏晓月没事的时候仍然会给郭明打电话，但是大部分时间郭明都不会及时接听她的电话，甚至直接就不接。两人的关系一天天恶化。

2016年的除夕夜，郭明声称自己有工作，不能回家吃团圆饭，苏晓月表示自己可以和孩子过去陪他，郭明拒绝了。年后不久，苏晓月又接到一个女孩的电话，同样的桥段，同样的欺骗。这次，苏晓月选择了摊牌，但是并没有什么作用，郭明让她忍着，婆婆也袒护着自己的儿子。这次的摊牌似乎让郭明更加肆无忌惮起来，他不再找任何借口，而且经常因为一些琐事就对苏晓月拳打脚踢。最严重的一次是在中秋节，郭明又对苏晓月施展拳脚，她不得已向哥哥求救，请他帮忙报警，即使这样也没能阻止后来一次次降临的家暴，反而让郭明变本加厉。苏晓月万念俱灰，她觉得自己的忍耐看起来是那么的可笑，于是选择了起诉离婚。

苏晓月起诉后，向人民法院申请查封了郭明的账户。郭明约苏晓月谈离婚的事，苏晓月表示两个人已经回不去了，郭明异常激动，随手抄起板凳砸向苏晓月。苏晓月本能地用胳膊一挡，立刻觉得一阵剧痛。这时苏晓月的父亲赶了过来，紧紧抱住了郭明，但郭明并没有停止，继续挣扎着要打苏晓月，跟疯了一样。最终，苏晓月的母亲报了警，警察过来后制止了郭明，并对其进行了说服教育。父亲殴打母亲的场景，被年幼无辜的孩子看在眼里。

此次暴力事件后，苏晓月向法院申请了人身安全保护令，法院支持了她的申请，由于郭明当着孩子的面实施了暴力，因此人身安全保护令的范围包括了孩子。

在人身安全保护令期间，苏晓月带着孩子搬出原来的家，郭明再也没有骚扰他们。但期限届满之后，郭明就多次要求接走孩子。孩子当然不愿意和爸爸一起生活，因为他已经多次目睹了爸爸的暴力行为，他害怕极了，不想见爸爸，也不想见奶奶。

苏晓月拒绝郭明接走孩子的要求后，郭明和母亲三番两次到学校门口围堵，企图强行带走孩子。孩子因此变得焦虑不安，不肯再去学校。为了保护孩子，苏晓月在律师的协助下以孩子名义又成功申请了人身安全保护令。

后来，孩子的人身安全保护令又到期了，而离婚官司还没打完，苏晓月再次申请延长保护期限，但是由于郭明在保护令有效期内没有骚扰她和孩子，法院没有支持她的请求。

律师说法

本案主要反映的是家庭暴力问题。家庭暴力，不仅是家庭内部问题，更是严重的社会问题。2016 年 3 月 1 日，我国正式施行《中华人民共和国反家庭暴力法》，这是一部专门保护家暴受害人的法律。根据该法的规定，一旦遭受家庭暴力或者有面临家庭暴力的危险时，受害人或者其他依照法律有权利的申请人，可以向人民法院申请人身安全保护令。人民法院在接到申请后，应于 72 小时内作出人身安全保护令或者驳回申请；情况紧急的，24 小时内就应当予以反馈。

"人身安全保护令"具有以下功能：第一，禁止被申请人（即施暴者）实施家庭暴力；第二，禁止被申请人骚扰、跟踪、接触申请人及其相关近亲属；第三，责令被申请人迁出申请人（即受害者）住所；第四，保护申请人人身安全的其他措施。

此外，"人身安全保护令"的作出是有法定条件的：第一，有明确的被申请人；第二，有具体的请求；第三，有遭受家庭暴力或者面临家庭暴力现实危险的情形。

在本案中，郭明对苏晓月实施了家庭暴力，有几次还当着孩子的面。苏晓月依照法律规定，为自己和孩子向人民法院申请了人身安全保护令，得到了人民法院的支持，保护了自己，也保护了孩子。

但是，人身安全保护令是有一定期限的。根据《反家庭暴力法》第三十条的规定，人身安全保护令自作出之日起生效，有效期不超过六个月。在人身安全保护令失效前，申请人可以向法院申请撤销、变更或者延长。在本案中，人身安全保护令期限届满，虽然苏晓月提出了延长保护期的申请，但由于在人身安全保护令有效期内，郭明没有对苏晓月及孩子进行骚扰，故法院没有支持苏晓月的请求。而如果郭明在人身安全保护令期间届满后继续对苏晓月及孩子进行骚扰，苏晓月就可以再次向法院申请人身安全保护令。

面对家庭暴力，受害的一方不能一味地忍受、沉默、哭泣，而要积极勇敢地拿起法律的武器来保护自己。一方面，可以通过拍照、录像，保留医院诊断记录，甚至让施暴者写下承诺书的方式来收集证据。另一方面，可以向居民委员会、村民委员会、妇女联合会寻求帮助，也可以直接向公安机关报案，当然，还可以像案例中的苏晓月一样，向人民法院申请人身安全保护令、提起离婚诉讼。

心理分析

一个幸福美满的家庭是需要夫妻双方共同经营的。如果在家庭生活中，一个人默默地付出，而另外一个人在无限地索取，那么默默付出的一方会因过度的“善良”而被轻视，无限索取的一方会因尝到好处而变本加厉地榨取、操纵另外一方。本案中的苏晓月就是默默付出的一方，而郭明则是索取的一方。苏晓月和郭明作为夫妻，是具有亲密关系的两个人，但是他们都不懂得维系亲密关系的关键是需要两个人付出和收获的对等，如果一方一味地付出却换不来对方的珍惜，那么这种亲密关系便会产生巨大的危机。

我们从案例中可知，郭明是在母亲过分宠爱中长大的，从小就没有承担过家里的任何家务，婚后也依然和孩童一般，享受着妻子的照顾。郭明被“宠”坏了，以至于他多次出轨，在被妻子发现并摊牌后依然执迷不悟，甚至变本加厉地对妻子施暴，郭明可谓“渣男”中的典型代表。然而，每一个施暴者的背后，都有另一个施暴者或者纵容者。苏晓月在郭明第二次出轨后选择摊牌，郭明母亲却站在了自己儿子的一边，我们可以看出，她就是郭明的“保护伞”，这样一个无原则、无底线宠爱儿子的母亲，成为断送郭明幸福婚姻的“帮凶”。

此外，郭明对苏晓月实施家暴证明他是有暴力倾向或者反社会型人格障碍的人。一个人性格缺陷的形成，跟家庭对孩子的早年影响或父母对孩子的抚养习惯有极大的关系，郭明性格上的缺陷就是母亲过分的宠爱导致的。刚开始，郭明把自身性格问题掩饰得很好，所以苏晓月在恋爱时丝毫没有察觉，以致让具有暴力倾向的郭明成了自己最亲近的丈夫和孩子的爸爸，这是悲剧的开始。

苏晓月是个善良的好女孩，她可以每天早上为丈夫和孩子准备好早餐，可以麻烦娘家人疏通关系为丈夫谋求一份理想的工作，也可以不质问丈夫凌晨两点回家的原因，只是想保护这个她付出太多心血的家。苏晓月对家庭默默地付出，源于母亲的言传身教。在她小的时候，就看到妈妈忙碌着为家庭付出，在母亲的感染下，她也学会了为家庭付出，同时也期待在付出中得到家人的关注、赞赏和爱。她把“付出”当成了一个重要的信念，天真地以为努力照顾家人，就会得到家人的尊重。殊不知，一个人的善良是该有些锋芒的，过度付出只会让对方放纵，最终成为刺伤自己的匕首。

在我们的身边，似乎经常可以看到这样的善良女孩，她们渴望亲密关系，也特别用心地维系亲密关系，为了对方，甚至可以牺牲自己，但最后的结果却并不如意。出轨和家暴，有了一次，就可能再次，甚至多次发生。婚姻中的人必须坚守自己的原则和底线，特别是在了解到对方有不忠、暴力倾向的时候，更应该警醒。苏晓月后来清醒了，她提起了离婚诉讼，申请查封了郭明的账户，在郭明变本加厉地施暴时，还向法院申请了人身安全保护令。

不得不说，在这个世界上，的确存在有暴力倾向和“反社会人格”的人。从进化论讲，人类从动物进化而来，群居动物彼此确定地位的方式就是暴力，如牙咬、掌抓等，久而久之，这种暴力行为规则便附着于动物的基因之中。在动物逐步进化到人类时，这种暴力基因并没有完全丢失，一部分人保留了，演变成家暴行为。也就是说，有家暴行为的人，潜意识里认可用力量确定地位，建立关系，进行控制。而当有更大的力量——如司法机关介入时，家暴者马上就会有所收敛。因此，面对家庭暴力，受害的一方不要选择宽容，因为宽容就是纵容，会把自己推入地狱，一定要懂得及时求助，获得保护。

法律链接

《中华人民共和国反家庭暴力法》

第二十三条 当事人因遭受家庭暴力或者面临家庭暴力的现实危险，向人民法院申请人身安全保护令的，人民法院应当受理。

当事人是无民事行为能力人、限制民事行为能力人，或者因受到强制、威吓等原因无法申请人身安全保护令的，其近亲属、公安机关、妇女联合会、居民委员会、村民委员会、救助管理机构可以代为申请。

第二十七条 作出人身安全保护令，应当具备下列条件：

（一）有明确的被申请人；

（二）有具体的请求；

（三）有遭受家庭暴力或者面临家庭暴力现实危险的情形。

第二十八条 人民法院受理申请后，应当在七十二小时内作出人身安全保护令或者驳回申请；情况紧急的，应当在二十四小时内作出。

第二十九条 人身安全保护令可以包括下列措施：

（一）禁止被申请人实施家庭暴力；

（二）禁止被申请人骚扰、跟踪、接触申请人及其相关近亲属；

（三）责令被申请人迁出申请人住所；

（四）保护申请人人身安全的其他措施。

第三十条 人身安全保护令的有效期不超过六个月，自作出之日起生效。人身安全保护令失效前，人民法院可以根据申请人的申请撤销、变更或者延长。

第六章

有爱才有家

1

老公出轨又窝囊，女方无奈斩情根

法律故事

20世纪七八十年代的中国正处在一个风云变幻的时期，改革开放既创造了无数机遇，也淘汰了很多不思进取、不能与时俱进的人。李大强（化名）就是一个被改革开放大潮拍打在岸上的人。

李大强曾是某街道企业的部门经理，工作方式是计划经济那老一套，思想上也是固执己见、刚愎自用。田桂芬（化名）自从和他结婚以来，就一直忍受着他的古怪脾气，家庭生活也是一波三折，毕竟二人的结合说不上什么你情我愿，也更不是因为爱情。

两人之所以能够走到一起，很大程度上是因为当时国家出台的一项政策——只给结婚成家的人员分配住房。田桂芬一方面想要得到一个住房指标，另一方面也确实感觉到了“女大当嫁”的社会舆论压力，于是两人在同事的介绍下相亲成功。田桂芬没有太多感情经历，原生家庭很传统，她不介意李大强是在单亲家庭背景中长大的，看到李大强的母亲特别宠爱他，无论他有什么要求都会无条件满足，也没有觉得他们家庭有什么问题，因为着急申请房子，两人很快就结婚了。

没有感情基础就进入婚姻生活的两个人，免不了出现矛盾争吵。李大强更甚，竟然在妻子怀孕期间出轨女秘书。田桂芬早就有所察觉，并多次旁敲侧击，对丈夫加以规劝。然而，李大强非但不听劝，还拒不承认出轨，三番五次地跟妻子吵架，并继续在暗地里与“小三”行苟且之事。直到“小三”的正牌男友向田桂芬揭穿两人的私情时，李大强才无奈与“小三”分手。

与“小三”分手后的李大强再也感受不到出轨时的那份刺激，他将此全都怪罪在妻子的头上，心想：“要不是因为她多管闲事，老子现在还逍遥快活呢！”他也丝毫没有悔过的意思，还鼓吹“人非圣贤，孰能无过”，为自己的龌龊行为找遍了借口。本就被孕期出轨的丈夫深深伤害的田桂芬，看到他竟是这般无赖表现，更是气不打一处来，在心中埋下了一颗无法原谅的种子。

恰逢改革开放之风吹遍神州大地，李大强工作的单位在激烈的市场竞争下，因为效益不佳而被上级机关注销，他下岗了。没有了工作的李大强随大流走上了“下海经商”之路，但刚愎自用的性格，早就注定了他的创业之举不会成功。果然，三次创业都失败了，李大强把妻子从娘家亲友那里借来的钱都赔了个精光。他经受不住这般打击，开始自暴自弃，每天窝在家里借酒浇愁。田桂芬也曾劝他“失败是成功之母”，只要从中吸取教训，再接再厉，就没有什么过不去的坎儿。但李大强正如那扶不起的阿斗，每天不是喝得昏天黑地，就是与妻子吵架，还动手打人。

一边是无所事事还经常打骂自己的窝囊丈夫，一边是到处都需要用钱的孩子，整个家庭的重担全都落在了田桂芬瘦弱的肩膀上。“我要这个丈夫有什么用，还不如我一个人过！”她经常这样想。但为了给孩子一个完整的家，她忍气吞声地过了十多年。

人的忍耐都是有限度的，在孩子考上高中后，田桂芬终于忍无可忍，头也不回地离开了这个给自己带来无尽伤痛的“家”。她孤身一人到外地打工，每次发了工资，都会去银行寄给家里的孩子。李大强从来不关心孩子的学业和生活，也没在孩子身上花过一分钱。

当孩子大学毕业工作后，田桂芬觉得再也没有必要维持这段早就名存实亡的婚姻了，于是，她正式向法院起诉离婚。她指出丈夫在自己孕期出轨，窝囊堕落，并且两人长期分居，早已没有了联系，希望法院准予离婚。鉴于双方分居的时间早就超过了法定的两年时间，符合感情破裂的情形，因此法院判决准予两人离婚。田桂芬与孩子开始了崭新的生活。

律师说法

本案涉及夫妻之间的忠实义务。《婚姻法》规定，我国实行婚姻自由、一夫一妻的婚姻制度，在婚姻中，夫妻间应该互相尊重，互相忠实。忠实义务，顾名思义，是指在婚姻中，夫妻要忠于对方，诚实相待，夫或妻任何一方不得有婚外性行为，互相专一。目前，违反夫妻忠实义务的行为有：与他人同居、通奸、重婚等。在本案中，李大强在与田桂芬结婚后，出轨女秘书，违反了夫妻间的忠实义务。

本案也涉及父母对子女的抚养义务。我国《婚姻法》第二十一条前两款规定："父母对子女有抚养教育的义务；子女对父母有赡养扶助的义务。父母不履行抚养义务时，未成年的或不能独立生活的子女，有要求父母付给抚养费的权利。"抚养，是指作为父母，应当对子女在物质上供养、在日常生活中照料、在思想文化上教育，以保障他们的生活和学习，使其可以健康成长。在本案中，李大强作为父亲，应当承担对孩子的抚养义务。而李大强从来不关心孩子的生活和学业，没有在孩子身上花过一分钱，既没有在物质上对孩子履行抚养义务，也没有对孩子的教育、思想进行引导，完全没有尽到一个父亲的责任，违反了《婚姻法》的规定。

此外，本案还涉及准予离婚的法定情形。根据我国《婚姻法》第三十二条规定，在诉讼离婚中，人民法院审理离婚案件，因感情不和分居满二年，经调解无效的，应准予离婚。在本案中，田桂芬与李大强因感情不和分居多年，符合判决准予离婚的法定情形，并且李大强在田桂芬怀孕期间出轨，有严重的过错，故最后法院判决支持田桂芬的离婚请求。

夫妻感情是婚姻的基础，没有感情的婚姻是很难维持的。对于感情已经破裂的婚姻，应当及时解除，这样不仅可以减少家庭矛盾，也可以使婚姻当事人尽早摆脱痛苦。

心理分析

爱情是维系婚姻的桥梁，两个人结婚如果不是因为爱情，那么这段婚姻很可能以失败告终。田桂芬与李大强结婚，是因为国家出台的政策——结婚成家的人才能分配到住房，另外也是因为感受到了"女大当嫁"这一传统观念的压力。可见，两人的结合缺乏深厚的感情基础。没有因便没有果，即便走进了婚姻，田桂芬也难以获得丈夫对自己从一而终的感情。

在婚姻中，丈夫是妻子和孩子的支撑，但是案例中的李大强是一个典型的“巨婴”。他从小生活在单亲家庭，他的母亲因被丈夫抛弃而缺乏安全感，便把所有的注意力倾注在儿子身上，对他百般溺爱。过度的宠爱使李大强无法独立生活，婚前依赖母亲，婚后依赖妻子，甚至将妻子视为自己的“母亲”，试想这样一个人怎么会对家庭负有责任感，如何能承担起养家糊口的重担？

李大强不会把田桂芬视为真正意义上的伴侣，也不会爱上她、珍惜她、心疼她，更不会有男女之间因爱而生的激情。所以在婚后，李大强在田桂芬怀孕时出轨秘书，沉迷于和秘书的婚外情，以满足他对爱情的渴望。

不如意的婚姻自始至终都不会顺遂人意。李大强出轨被发现后，拒不承认错误，在田桂芬与出轨对象的男友共同揭发他出轨的事实后，才无奈与“小三”分手，还抱怨妻子破坏了自己的好事，毫无悔过之心。情感的不顺随之而来的是事业的失败，李大强下岗以后多次创业失败，禁受不住打击开始自暴自弃，并且粗暴地对待妻子。他的所作所为进一步挑战着田桂芬忍耐的极限。

原生家庭的教育模式，让李大强只会享受家庭带来的便利与好处，从来不懂得付出，也不会主动承担责任，使妻子不再抱有期待，选择离他而去并通过向法院提起诉讼的方式结束婚姻。

我们都会同情田桂芬的遭遇，看似可怜的她，实则是自己造就了不幸。婚前，田桂芬对李大强缺乏了解，未认清其“巨婴”的本质；婚后，遭受到丈夫背叛，仍不忍心离婚，只为了孩子有一个完整的家庭。田桂芬为了孩子的隐忍本无可厚非，但她的忍辱负重换来的却是丈夫的变本加厉，在孩子大学毕业后，她终于选择离婚，但十几年的时光已经悄悄流逝，她的青春全都耗费在了不值得托付终身的男人身上。离婚后的她，年龄也大了，而且她和李大强纠缠太久了，被深深地伤害后，也很难有动力再和别人构建感情。

田桂芬自身传统的思想和懦弱的性格造就了她不幸的命运，只能自己咽下苦果。她作为一个成年人，完全有能力把控和创造自己的生活，但就是因为传统和懦弱，耽误了自己的大半生，同时，也把孩子带入了不幸的生活里。两人的儿子从小生活在没有爱的环境里，完全感受不到家庭的温暖，更感受不到父亲带给他的榜样的力量。可以想象，在这样家庭环境下成长的孩子是多么无奈和无助，但他没有选择权。然而这一切却是田桂芬造成的，她以为不离婚至少还能让孩子有个完整的家，但她不懂得这样所谓“完整”的家并不能给孩子提供一个健康的成长环境。

都说婚姻不易，且行且珍惜。但面对一段不值得走下去的婚姻，我们一定要懂得“断舍离”。

法律链接

《中华人民共和国婚姻法》

第二条　实行婚姻自由、一夫一妻、男女平等的婚姻制度。

保护妇女、儿童和老人的合法权益。

实行计划生育。

第四条　夫妻应当互相忠实，互相尊重；家庭成员间应当敬老爱幼，互相帮助，维护平等、和睦、文明的婚姻家庭关系。

第二十一条　父母对子女有抚养教育的义务；子女对父母有赡养扶助的义务。

父母不履行抚养义务时，未成年的或不能独立生活的子女，有要求父母付给抚养费的权利。

子女不履行赡养义务时，无劳动能力的或生活困难的父母，有要求子女付给赡养费的权利。

禁止溺婴、弃婴和其他残害婴儿的行为。

第三十二条　男女一方要求离婚的，可由有关部门进行调解或直接向人民法院提出离婚诉讼。

人民法院审理离婚案件，应当进行调解；如感情确已破裂，调解无效，应准予离婚。

有下列情形之一，调解无效的，应准予离婚：

（一）重婚或有配偶者与他人同居的；

（二）实施家庭暴力或虐待、遗弃家庭成员的；

（三）有赌博、吸毒等恶习屡教不改的；

（四）因感情不和分居满二年的；

（五）其他导致夫妻感情破裂的情形。

一方被宣告失踪，另一方提出离婚诉讼的，应准予离婚。

2

丈夫隐瞒性倾向，暴虐妻子致离婚

法律故事

小曼（化名）拿到法院判决书的那一刻，长长地伸了个懒腰，深深地舒了一口气：噩梦总算结束了，自己终于可以开始新的生活了。

十三年前，还在读大学的小曼认识了赵磊（化名），两人都是医学院的学生。他们都很了解彼此的家庭背景，赵磊知道小曼父亲和母亲离婚多年，她跟着母亲长大，并且她的母亲控制欲很强，所以小曼很单纯。小曼也知道赵磊家境很好，是高干子弟。赵磊还跟小曼提过父母对他特别严苛，老是打骂他，但是自己总是不服气，是个叛逆的孩子。小曼觉得这些都不是问题，只是很心疼赵磊。

赵磊向小曼告白时，从未谈过恋爱的小曼感觉心跳一阵阵地加速，她懵懵懂懂地答应了，两人确立了恋爱关系。恋爱以后，小曼渐渐认识到赵磊的野蛮、暴力、不讲道理。她多次提出分手，赵磊都不同意，每次都在他的威逼利诱下妥协。

在毕业实习期间，小曼再次郑重地向赵磊提出分手，赵磊却一把抱住小曼不让她离开，这次小曼没有一丝心软，因为她实在无法继续忍受赵磊了。赵磊突然松开小曼，头也不回地走了。一个小时以后，小曼的朋友圈里炸了锅。原来，赵磊向所有的亲朋好友公布了自己要和小曼结婚的消息。对此，小曼愤怒地找到赵磊质问："你什么意思啊？你是不是疯了？"赵磊淡定地回应："不管我是不是疯了，你都一定要跟我结婚，不然我会彻底毁掉你，别忘了，我手机里还有你的艳照……""够了！"小曼知道赵磊在威胁她，却又无力对抗，万般无奈之下，只能答应和赵磊结婚。

小曼和赵磊结婚以后，一起到新加坡生活。初来乍到，小曼想先稳定工作，但是赵磊却一心想让她为自己生孩子，小曼稍有反对，赵磊就开始吵闹，甚至还对她大打出手，有好几次小曼被打得浑身是伤，还曾半夜偷偷回国。小曼常常在夜深人静的时候偷偷哭泣，但面对赵磊的威胁和家暴却又无力反抗，她最终还是怀孕了。

小曼怀孕以后，渐渐地发现了赵磊的不正常。她看到赵磊与男性朋友经常有很亲密的行为，而且有时还表现出女性化的倾向。她还回想起赵磊其实很排斥与自己发生性关系，之前为了要孩子，两人只是在她每月的排卵期才同房，并且每次赵磊的态度都十分恶劣，甚至有虐待行为，使她非常痛苦。而其余的时间，赵磊则完全没有性要求。这些片段综合在一起得出的结论，让小曼几乎窒息。

没错，赵磊是个同性恋。他担心自己以后不能生育，所以完全不顾小曼的学业、前途及人生规划，强迫她给自己生孩子。而小曼怀孕后，赵磊的目的达到了，就不再掩饰自己的同性恋倾向。

丈夫是个同性恋，这让小曼无法接受，却又无能为力。瓜熟蒂落，小曼将孩子生了下来。坐月子，对于女人来说何等重要。但小曼却常常被丈夫强迫做各种劳动。赵磊还讽刺她："什么叫坐月子，坐月子就是在家里给我好好干活，而不是在家休息！"小曼彻底绝望了，在流泪和繁重的家务中坐完了月子。

月子过后，赵磊开始频繁地对小曼实施家暴。为了不惹到赵磊，小曼小心翼翼地过着日子，却一次又一次招来赵磊的毒打。面对频繁猖狂的家暴行为，小曼也想过报警，但是看着几个月大的孩子，又放下了电话，默默流泪。小曼还多次向赵磊提出离婚，可是赵磊的回答永远都是一句话："想离婚是吧？你求我啊，你求我，我会跟你离婚，但要等到你给我生一堆孩子，人老珠黄的时候，我才会一脚把你踢开。"看着小曼快被逼疯了，赵磊呵呵一笑，摔门而去。

就这样，无论是精神上还是身体上，小曼都被赵磊摧残得面目全非。后来，她勇敢地报了警。警察对赵磊进行了批评教育。同时，小曼在律师的帮助下，向法院递交了一纸诉状，要求离婚。法院十分同情小曼，判决离婚，对于小曼所主张的孩子的抚养权以及一半的家庭财产等问题基本都给予了支持。

律师说法

本案涉及可撤销婚姻问题。我国《婚姻法》第十一条规定："因胁迫结婚的，受胁迫的一方可以向婚姻登记机关或人民法院请求撤销该婚姻。受胁迫的一方撤销婚姻的请求，应当自结婚登记之日起一年内提出。被非法限制人身自由的当事人请求撤销婚姻的，应当自恢复人身自由之日起一年内提出。"此外，根据《最高人民法院关于适用〈中华人民共和国婚姻法〉若干问题的解释（一）》第十条的规定，这里的"胁迫"是指行为人以给另一方当事人或者其近亲属的生命、身体健康、名誉、财产等方面造成损害为要挟，迫使另一方当事人违背真实意愿结婚的情况。在本案中，赵磊以公开小曼的隐私为由威胁她与自己结婚，他们的婚姻符合可撤销的情形，小曼可以向法院或者婚姻登记机关请求撤销婚姻。但是小曼未在一年内提出撤销婚姻的申请，所以就丧失了撤销权。此外，法律虽然有可撤销婚姻的规定，但在司法实践中，一般很难操作。因为法律规定"谁主张谁举证"。在法庭上，赵磊一定不会承认自己胁迫，而会说小曼是自愿到民政局和他办理结婚登记的，而且小曼也没有证据证明自己受到了胁迫。

虽然小曼撤销婚姻的权利已经没有了，但是两人结婚之后，赵磊经常殴打小曼的行为构成了家庭暴力，小曼可以因此请求离婚。然而，她却为了孩子一直忍受。小曼的这种做法是错误的，在遭遇家暴时，应该采用法律手段保护自己，不能对施暴者妥协，委曲求全只能招致更大的伤害。如果家暴在国内发生，小曼可以选择向公安机关报警；如果发生在国外，小曼则可以向所在国的相关部门报警，并通过所在国法律维护自己的权益。而且不论家暴发生在国内还是国外，只要赵磊回国，小曼感觉人身安全受到威胁，都可以根据我国《反家庭暴力法》的规定，向人民法院申请人身安全保护令，将在国内以及国外的报警资料作为证据提交给法院，阻止赵磊再对她实施家暴。

除了家暴行为以外，在小曼坐月子期间，赵磊强迫她进行体力劳动，还构成了虐待。所谓虐待，是指行为人经常以打骂、冻饿、禁闭、强迫过度劳动、有病不给治或者其他方式折磨家庭成员，对家庭成员造成身体和精神方面的损害行为。对于赵磊的虐待行为，如果小曼准备诉讼离婚，在诉讼中可以陈述赵磊的虐待行为，这在法官判断是否准予离婚、孩子由谁抚养、财产分割、损害赔偿等问题时都是予以考虑的重要因素。

赵磊在婚姻期间对小曼进行虐待、实施家庭暴力等，符合我国《婚姻法》第三十二条所规定的准予判决离婚的情形。故在小曼向法院提起离婚诉讼之后，法院最终判决准予离婚。

在这个案件中，小曼对赵磊的各种暴力、虐待、威胁等行为忍受了多年才离婚，遭受了很多伤害。在此，我们提醒大家，当遭遇家庭暴力、虐待、威胁、恐吓时，受害者不能无限忍让。再三忍让不仅不能唤醒施暴者的良知，反而使得他重复使用家暴手段达到目的，给自己和孩子以及家人不断带来创伤，得不偿失。我们应该拿起法律武器，来捍卫自己的权利。

心理分析

古语云："人之初，性本善。"每一个新出生的婴儿都充满了爱，他爱身边的父母亲朋，也爱生活着的世界，而当一个孩子逐渐成为一个自私、暴力、独断的人的时候，可以从原生家庭找出原因：子女或许是受到了父母的影响。

本案中的赵磊受到了原生家庭严重的摧残，在家暴家庭中长大的他也出现了暴力倾向。他的父母对他十分严苛，一旦无法满足他们的期待，就会受到语言暴力和行为暴力，久而久之，他就对这种为人处事的方式习以为常了，甚至以为这才是正常的交际方式，慢慢地也会用同样的方式对待身边的人。更糟糕的是，赵磊的叛逆心理严重，他怨恨父母，所以从小就要和父母对着干，父母认为对的、好的，他就不想做；父母反对的、禁止的，他都想尝试一番。这从他的同性恋倾向就可以看出，这里他潜意识里在以这样的方式与父母对抗，更是以这样的方式寻找自己的存在感，证明自己的独立性和重要性。

随着年龄的增长，赵磊的暴力倾向非但没有改善，反而越发严重，他把对父母的不满转嫁到妻子小曼身上，用父母对待自己的方式攻击自己的妻子。他对小曼根本就没有男女之爱，就只是把她当作生育孩子的工具，他想方设法使小曼也缺乏安全感，想让小曼像他一样暴力、冷漠。但他没有想到，小曼虽然胆怯、恐惧，但为了孩子的成长，最终鼓起勇气报了警。

原本小曼可以更早脱离苦海，但因为她长期缺乏父爱，又被控制欲很强的母亲“呵护”，使得她没有主见，过于单纯，遇到问题时无所适从。婚前，小曼就开始被赵磊暴力相待，但她没有意识到问题的严重性，也不敢与赵磊分手，只好选择妥协；婚后，赵磊变本加厉地对她，让她痛不欲生，甚至她在发现赵磊是同性恋后仍然选择忍耐。

小曼的改变源于孩子的降生，因为孩子，小曼开始变得强大，哪怕被赵磊公开那些见不得人的照片，哪怕被赵磊恐吓、威胁，她也不能让孩子长大后变成赵磊那样的人，她作为母亲必须要保护好自己的孩子。最终，小曼离开了赵磊。这段不堪回首的婚姻虽然给她带来了深深的伤害，但幸运的是她的孩子不会重蹈覆辙，她自己也会慢慢成长起来。

任何一件事情都没有绝对的好坏之分，我们应该客观地看待发生的一切。小曼的这段经历确实不幸，但历经洗涤和磨难，小曼的未来一定会遇见幸福。或许，赵磊的未来仍旧迷茫，他需要放下仇恨，治愈自我，去寻找属于自己的生活。

法律链接

《中华人民共和国婚姻法》

第十一条　因胁迫结婚的，受胁迫的一方可以向婚姻登记机关或人民法院请求撤销该婚姻。受胁迫的一方撤销婚姻的请求，应当自结婚登记之日起一年内提出。被非法限制人身自由的当事人请求撤销婚姻的，应当自恢复人身自由之日起一年内提出。

第三十二条　男女一方要求离婚的，可由有关部门进行调解或直接向人民法院提出离婚诉讼。

人民法院审理离婚案件，应当进行调解；如感情确已破裂，调解无效，应准予离婚。

有下列情形之一，调解无效的，应准予离婚：

（一）重婚或有配偶者与他人同居的；

（二）实施家庭暴力或虐待、遗弃家庭成员的；

（三）有赌博、吸毒等恶习屡教不改的；

（四）因感情不和分居满二年的；

（五）其他导致夫妻感情破裂的情形。

一方被宣告失踪，另一方提出离婚诉讼的，应准予离婚。

《最高人民法院关于适用〈中华人民共和国婚姻法〉若干问题的解释（一）》

第十条 婚姻法第十一条所称的“胁迫”，是指行为人以给另一方当事人或者其近亲属的生命、身体健康、名誉、财产等方面造成损害为要挟，迫使另一方当事人违背真实意愿结婚的情况。

因受胁迫而请求撤销婚姻的，只能是受胁迫一方的婚姻关系当事人本人。

3

命运多舛从不认，以法为刀斩孽缘

法律故事

有时候，命运真的是个很奇怪的东西。沈梅（化名）刚刚结束了一段因家暴而离婚的噩梦，却又迎来了另一个噩梦。

“哎，小沈，我发现你带的那个小帅哥实习生，对你有意思呢！”“别瞎说啊！”沈梅表面上佯装不在意同事的调侃，但心里多少还是有一丝甜蜜。

沈梅是某著名报社的资深记者，每年都会以导师的身份带一些刚刚走出校园的实习生。2015 年 7 月，一位身材瘦高、皮肤白净的男生进入沈梅的实习团队。这位男生名叫石强（化名），是传媒类专业硕士，家境良好。

不知道为什么，石强总是找机会接近沈梅，除了工作外，连生活中的琐事都帮她忙活，也难怪沈梅的同事戏称“他对你有意思”。沈梅是过来人，她理智地告诉自己这不可能。有一天，她跟石强以开玩笑的口吻说：“哎，我说你别老帮我干活儿了，别人都以为咱俩有情况呢！”谁料，石强却一本正经地说道：“我就是想跟你在一起，我非常仰慕你的才华和人品，做我女朋友，好不好？”沈梅一听，心头一动，但是，她还是用理智代替了冲动，她强调自己年龄比石强大五岁，也不是什么美女，还离过婚，石强条件很好，并不适合自己。石强不听，对沈梅展开了猛烈的攻势，最终两人确立了恋爱关系。

2015 年 12 月，沈梅所在的报社召开了校园招聘会。石强想借此机会到沈梅单位工作，但是最终没能成功。对此，石强非常生气，认为沈梅没有尽心帮忙，于是，把气都撒在了她的身上，对她连打带骂，还把她关在屋里半天多不让出来。沈梅怕极了，她想到了前夫对自己家暴的情形，当机立断要和石强断了关系。但就在沈梅和石强说分手的时候，不料石强却“扑通”一声跪在了她的面前，乞求原谅，声称自己是因为毕业找工作压力过大，忍不住发泄了情绪，以后再也不会发生这样的事情了，希望沈梅再给自己一次机会。沈梅心软，原谅了石强。

时间过得很快，一转眼，就到了2018年。在过去的两年间，沈梅过得并不轻松，一边是父母的催婚，一边是小男友阴晴不定的脾气，让她感到心力交瘁。她怀疑石强有家庭暴力倾向，但是他大部分时候温柔对待自己的样子，又让她很满足，加上父母也认为石强年纪尚小，以后会慢慢成熟，而且两家也算门当户对，于是，2018年1月，沈梅与石强结婚了。

婚后的生活并没有像沈梅期待的那样，石强会越来越成熟。相反他开始肆无忌惮地对沈梅施行家暴。就在他们结婚登记后不久，石强因与自己的父母发生口角，心情不快，便跑到沈梅的单位，当众对她进行辱骂、殴打；一个月后，石强又以沈梅没有顺自己的意为由，对她进行殴打，并将家里的一些物品砸烂泄愤；又过了一个多月，一天晚上，石强气势汹汹地回家，二话不说将沈梅暴打一顿。沈梅忍着疼痛，奔往派出所求救。谁料，丧心病狂的石强却一路追打到派出所门外。后经民警解救，沈梅才脱离危险。

结婚不到半年，沈梅连续遭遇了多次家暴，她发现石强的家暴行为带有明显的周期性，而且他还似乎存在人格分裂，每次家暴前后都判若两人。沈梅慨叹命运怎么如此不公，让自己在两段婚姻中都遭遇了家暴。伤痕累累的沈梅带着对命运的拷问，重新思考着人生。

诚如贝多芬所言：“我们要扼住命运的咽喉，绝不让命运压倒。”沈梅最终决定起诉离婚，结束这段本不该发生的孽缘。最终，尽管石强坚持不离婚，但是法官经过调查，认为石强存在家暴行为，夫妻感情确已破裂，支持了沈梅的请求，判决离婚。沈梅也获得了相应的赔偿。

律师说法

本案主要涉及的是家庭暴力的问题。家庭暴力是指家庭成员之间以殴打、捆绑、残害、限制人身自由以及经常性谩骂、恐吓等方式实施的身体、精神等侵害行为。家庭暴力主要发生在家庭成员之间。在本案中，石强结婚后，对沈梅经常性辱骂并殴打的行为已经构成家庭暴力。

在遭遇家庭暴力时，受害人一定不能忍受，应该采取法律措施维护自己的合法权益。根据《反家庭暴力法》的规定，在遇到家庭暴力时，受害人可以采取的措施包括：

（1）向所在地的居民委员会、村民委员会请求帮助。居民委员会、村民委员会应该通过劝说、阻止等方式使实施家庭暴力的当事人停止违法行为。

（2）向公安机关报警。公安机关在接到报案后，应当及时出警，制止家庭暴力，按照有关规定协助受害人就医、鉴定伤情。

（3）向法院申请人身安全保护令。所谓人身安全保护令，是指为了保护家庭暴力受害人及其子女和特定亲属的人身安全，法院所作出的限制家暴实施者行为的民事裁定。我国《反家庭暴力法》第二十三条第一款规定："当事人因遭受家庭暴力或者面临家庭暴力的现实危险，向人民法院申请人身安全保护令的，人民法院应当受理。"

面对石强的暴力，沈梅跑到派出所求救的做法是正确的。此外，沈梅为了维护自己的合法权益，避免再次遭受家庭暴力，还可以向法院申请人身安全保护令。在申请人身安全保护令之后，法院可以通过禁止石强实施家庭暴力、骚扰、跟踪、接触沈梅及其相关近亲属，责令其迁出沈梅住所等方式保障沈梅人身安全。

此外，石强对沈梅经常性的家暴行为，必然要承担民事责任。沈梅起诉至法院后，因为石强的家暴行为，法院可以直接判决支持沈梅离婚的诉讼请求。同时，沈梅在诉讼中也可以请求石强给予损害赔偿。

暴力行为始终是我国法律所禁止的，无论是在家庭内还是社会上殴打他人都会受到法律的制裁。根据我国《婚姻法》第四十三条及《治安管理处罚法》第四十三条的规定，对于石强殴打妻子的行为，可以由公安机关给予石强拘留、罚款的处罚。此外，根据《婚姻法》第四十五条以及《刑法》第二百六十条的规定，如果实施家庭暴力或者虐待家庭成员构成犯罪的，还会被依法追究刑事责任。石强实施家庭暴力时，如果使沈梅受到了严重的伤害，经鉴定符合刑事犯罪标准的，石强则涉嫌故意伤害罪、虐待罪等罪名，还将承担刑事责任，面临牢狱之灾。

在此，我们提醒大家，第一，切莫实施家庭暴力！家庭暴力不仅可能导致对方起诉离婚，人财尽失，严重的还将受到《治安管理处罚法》和《刑法》的制裁。第二，在遇到家庭暴力时，不能容忍，更不能有“家丑不可外扬”的想法，应当采取必要的救助措施，向居委会求助、向公安机关报警或者向法院申请人身安全保护令。第三，在自己的家人遭遇家庭暴力时，大家不能视而不见，要积极帮助受害人。

心理分析

在心理学层面，大部分心理学家都认同影响一个人的行为及情绪的因素，往往是深埋于其内心的潜意识，而不是显意识。潜意识其实也是意识的一部分，只不过是被我们压抑或者隐藏起来了，但这种意识的力量非常强大，更多地支配着我们的显意识和行为。积极的潜意识，可以驱使我们走向成功；而消极的潜意识，会给我们的人生带来难以想象的灾难，比如人格分裂。案例中的沈梅和石强就都受到了自身潜意识的影响，进而促使他们作出了一些令人难以捉摸的行为，也最终导致他们的婚姻走向了终结。

对于沈梅而言，她与石强相恋、结婚都有自己潜意识的影子。在恋爱时，沈梅就已经发现石强有家暴倾向，但她潜意识里更喜欢石强带给她的甜蜜感觉，再加上石强攻势较猛，沈梅最终选择了登记结婚。此时，沈梅的潜意识里还有一种这样的想法：“我恨你的家暴行为，甚至觉得你糟透了，但我离不开你，因为你具备非常重要的价值——我可以将自己所有的不幸与痛苦归因于你，从而免除自己的责任。因为你的存在，我就可以不用自我负责。”

沈梅潜意识中的这种心理不断强化，使她的两段婚姻都以家暴告终。因为第一段婚姻的失败，沈梅内心极度恐慌和害怕，而石强的闯入，又让她有所期待。但石强的家暴行为难以捉摸，可能随时爆发，使沈梅觉得自己无法控制，所以任何事情对她而言都是一种入侵，充满敌意，不断侵扰她，这样的生活让她彻底无助。

然而，沈梅还有一种过度保护或过度限制的心理，她感觉无力解决这一问题，便在内心将它投射成一个“魔鬼”，这使得她对来自外界的刺激充满敌意和恐惧。

被沈梅看作是“魔鬼”的石强，其实是一个全能自恋的人。全能自恋是一种心理现象，即当事人自认为“我是神，无所不能，我发出一个指令，世界就应该按照我的意愿来运转”，但是当他发现这个世界，包括自己的身体和头脑，不能如此的时候，会引申出“自恋性暴怒”心理，这个“神”就变成了“魔”，想毁灭世界，甚至想毁了自己。

很明显，石强的做法就是要毁了他世界里的沈梅。他在恋爱时想借机到沈梅单位工作，但没能成功，他便认为是沈梅没有出力，就把气撒在了她身上。婚后，石强因与自己父母发生口角，心情不快，便跑到沈梅单位对她进行辱骂、殴打。之后，更是变本加厉，不分大事小情，不分场合，只要他觉得不满意，就对沈梅施暴。

在沈梅与石强的这段关系里，沈梅感到无助，而石强又是全能自恋，在这样充满矛盾心理的状态下生活，他们的问题只会日益严重。石强的全能感是在捍卫自己的自恋心理，而为了捍卫自恋，便将“自恋性暴怒”投射给沈梅，不断攻击、贬低、否定、摧毁沈梅。而表面上看起来彻底无助的沈梅又需要依赖石强，用石强的施暴来自我安慰，逃避对自己的责任。

如果沈梅和石强都能感知到自己内心的渴求，对彻底无助的恐惧与抵触，敞开心扉，从力所能及的改变开始，一步一步做好自己的事情，不轻易言退，不追求完美，也不被无助征服，那么，他们都会与周围建立信任关系，逐渐享受不完美的过程，并体验自信的感觉，最终跳出这个恶性的轮回，找到真正的自我。

法律链接

《中华人民共和国反家庭暴力法》

第二十三条　当事人因遭受家庭暴力或者面临家庭暴力的现实危险，向人民法院申请人身安全保护令的，人民法院应当受理。

当事人是无民事行为能力人、限制民事行为能力人，或者因受到强制、威吓等原因无法申请人身安全保护令的，其近亲属、公安机关、妇女联合会、居民委员会、村民委员会、救助管理机构可以代为申请。

第二十九条 人身安全保护令可以包括下列措施：

（一）禁止被申请人实施家庭暴力；

（二）禁止被申请人骚扰、跟踪、接触申请人及其相关近亲属；

（三）责令被申请人迁出申请人住所；

（四）保护申请人人身安全的其他措施。

《中华人民共和国婚姻法》

第四十三条 实施家庭暴力或虐待家庭成员，受害人有权提出请求，居民委员会、村民委员会以及所在单位应当予以劝阻、调解。

对正在实施的家庭暴力，受害人有权提出请求，居民委员会、村民委员会应当予以劝阻；公安机关应当予以制止。

实施家庭暴力或虐待家庭成员，受害人提出请求的，公安机关应当依照治安管理处罚的法律规定予以行政处罚。

第四十五条 对重婚的，对实施家庭暴力或虐待、遗弃家庭成员构成犯罪的，依法追究刑事责任。受害人可以依照刑事诉讼法的有关规定，向人民法院自诉；公安机关应当依法侦查，人民检察院应当依法提起公诉。

《中华人民共和国治安管理处罚法》

第四十三条 殴打他人的，或者故意伤害他人身体的，处五日以上十日以下拘留，并处二百元以上五百元以下罚款；情节较轻的，处五日以下拘留或者五百元以下罚款。

有下列情形之一的，处十日以上十五日以下拘留，并处五百元以上一千元以下罚款：

（一）结伙殴打、伤害他人的；

（二）殴打、伤害残疾人、孕妇、不满十四周岁的人或者六十周岁以上的人的；

（三）多次殴打、伤害他人或者一次殴打、伤害多人的。

《中华人民共和国刑法》

第二百六十条　虐待家庭成员，情节恶劣的，处二年以下有期徒刑、拘役或者管制。

犯前款罪，致使被害人重伤、死亡的，处二年以上七年以下有期徒刑。

第一款罪，告诉的才处理，但被害人没有能力告诉，或者因受到强制、威吓无法告诉的除外。

第七章

家和才能万事兴

1

妈宝女唯母命是从，亲手断送幸福婚姻

法律故事

顾伟（化名）放下电话，来到法院领了判决书。看到这份离婚判决书，他眼含泪水，心里有着无尽的不舍与难过……

顾伟与妻子高欢（化名）在工作中相识。

顾伟从小家境贫寒，母亲早逝，高中毕业后，为了供弟弟妹妹读书，他开始和父亲一起创业，从事物流运输工作，将粤西地区的农产品、海产品等运往广州、深圳。后来，随着经济效益越来越好，他与父亲创办的企业成为拥有几十辆运输车的物流公司。2010 年春节，高欢所在的公司与顾伟的公司签了一批货物运输业务订单，由顾伟负责将货物运送到高欢的公司。别看顾伟年纪轻轻，做事情却有条不紊，得到了高欢老板的极力赞赏。当时，高欢作为公司代表负责与顾伟接洽。在多次的合作中，他们互生情愫。2010 年 10 月，两人确定了恋爱关系。

在相恋四年后，两人步入了婚姻的殿堂。婚后，高欢的母亲提出，让他们小两口和自己住在一起。顾伟考虑到，高欢父母很早就离婚了，她自幼与母亲相依为命，如果婚后他们小两口单过，高欢的母亲就变成了孤苦伶仃的一个人，因此，便答应了住在高欢的家里。

让人意想不到的是，高欢的母亲经常以老广州“关西小姐”的地位自居。在老广州，“东山少爷，关西小姐”意味着这个家族非富即贵。高欢母亲一直嘲笑顾伟是“乡下仔”，经常从言语、表情上表现出对顾伟及其家人的轻视，甚至称顾伟能够娶到她的女儿是“癞蛤蟆吃到天鹅肉”。顾伟非常生气，经常因此与岳母发生矛盾。

尽管岳母和女婿之间矛盾不断，但小两口的日子还算可以。2015 年 10 月，高欢生下女儿，两家人都非常开心。顾伟当了爸爸后，更加珍惜这个家庭，以自己无比强大的容忍力，维系着随时都可能支离破碎的家庭关系。

都说时间是良药，但时间也是毒药。日积月累，顾伟和岳母的矛盾不断加深。顾伟的心，总是旧伤添新疤，无法痊愈。最让他寒心的是，当与岳母发生矛盾时，妻子高欢总是不分青红皂白，一味地帮助母亲指责自己。哪怕是母亲的错，高欢也会让顾伟向母亲道歉。顾伟坚信家和万事兴，为了家庭的和睦，他一次次地妥协、让步。为了减少矛盾，顾伟多次向高欢提出两人带着孩子搬出去住，每个周末再回来与岳母团聚。高欢的母亲得知后，非常生气，对顾伟破口大骂道："你个乡下仔，怎么这么缺德，每天就知道挑拨我们母女的关系。难道你要看到欢欢和我断绝母女关系才罢休吗？"顾伟与岳母再一次吵了起来。这次吵架之后，高欢的母亲开始怂恿女儿离婚。高欢决定和顾伟离婚，并在母亲的强烈要求下让顾伟从家里搬了出去。2016 年 1 月，双方分居。

2016 年 8 月，高欢的母亲亲手写了离婚起诉书，在高欢签名之后，递交到法院。由于顾伟不同意离婚，高欢母亲第一次策划的离婚以失败告终。2017 年 9 月，在母亲的要求下，高欢第二次向法院起诉离婚，这次，高欢的母亲再次帮助女儿准备了起诉材料。为了孩子，顾伟坚决不同意离婚。可是，由于双方一直分居，法院认定双方夫妻感情已经破裂，判决离婚。因两人的孩子不满 2 岁，故判决归高欢抚养。

顾伟和高欢在风雨中飘摇的小家，还是散了。不知道没有了丈夫的高欢，和母亲共同抚养一个孩子，是不是会更幸福，但可以肯定的是，对于顾伟来说，他还有更多的不舍与牵挂。

律师说法

本案主要涉及家庭关系的维系问题。我国《婚姻法》第四条规定："夫妻应当互相忠实，互相尊重；家庭成员间应当敬老爱幼，互相帮助，维护平等、和睦、文明的婚姻家庭关系。"一个和睦家庭的构建，需要家庭成员间互相忠实、尊重和帮助。在本案中，高欢母亲一直嘲笑顾伟是"乡下仔"，经常从言语、表情上歧视顾伟的行为是错误的。家庭成员之间的地位是平等的，高欢的母亲不应以高人一等的态度对待顾伟。正是由于高欢母亲的这种错误行为，使得家庭之中经常发生矛盾。此外，高欢作为顾伟的妻子，在母亲与顾伟发生矛盾时，经常毫无原则地偏向母亲的做法也是不合理的，夫妻之间应当互相尊重，爱护对方，高欢应当尽力去调解、缓和家庭的矛盾，而不是一味地偏袒母亲，使矛盾加剧。

同时，本案还涉及婚姻自由的原则。所谓婚姻自由是指某人有权在不违反法律的范围内决定自己的婚姻问题。婚姻自由不仅包括结婚自由，也包括离婚自由。在本案中，高欢的母亲因自己与顾伟的矛盾，怂恿女儿离婚，并代替女儿准备离婚材料起诉离婚的行为，在一定程度上是对两人婚姻自由权的干涉。感情是维系婚姻的基础，当夫妻双方感情确已破裂，无法维持时，自然可以解除婚姻关系。然而，如果感情并没有破裂，而在他人的怂恿下离婚便是不理智的。

此外，本案还涉及离婚后子女的抚养问题。根据我国《婚姻法》第三十六条第三款的规定："离婚后，哺乳期内的子女，以随哺乳的母亲抚养为原则。哺乳期后的子女，如双方因抚养问题发生争执不能达成协议时，由人民法院根据子女的权益和双方的具体情况判决。"同时，《最高人民法院关于人民法院审理离婚案件处理子女抚养问题的若干具体意见》第一条也作出规定，两周岁以下的子女，一般随母方生活。因此，在本案中由于顾伟与高欢的女儿还不满两周岁，故法院将其判决给了高欢抚养。

夫妻之间应当互相理解，互相尊重。婚姻需要夫妻双方共同经营，更需要自己做主，不能让别人来决定。

心理分析

心理学家曾奇峰有言，中国家庭的根本问题，其实就是界限不清的问题。其中最典型的表现，就是隔代卷入。所谓隔代卷入，是指还不够成熟的男女双方结婚生子后，由于经济条件有限、养育子女困难等原因，有意无意地主动或被迫"邀请"自己的父母或配偶的父母，进入自己的小家，以关系入侵的方式，使得三代人像一锅粥一样在一起煮炖，进而引发一系列家庭矛盾。而隔代卷入，往往潜伏着主权冲突、经济冲突，三代人无休止的战争，最终伤害的是中间一代的夫妻关系。就像顾伟一样，虽然一次次地妥协、让步，但还是输给了自诩为“关西小姐”的岳母，还是失去了心爱的妻子和女儿。

虽然顾伟非常出色，工作能力强，经济能力也不错，又有责任心、善良、宽容，但往往太会为别人着想的人，反而会被现实折磨得伤痕累累。顾伟的妥协，是他坚信家和万事兴，为了家庭和睦，不断妥协、退让，以求息事宁人，但他却不知道，在隔代卷入时，他要做到的是思想上的坚定和行动上的果断。其实，顾伟的妥协，与母亲早逝对他的影响是分不开的。一般来说，母亲是儿童安全感的主要来源，是儿童依恋的主要对象。顾伟却因幼年丧母缺乏这种安全感，所以，当高欢提出婚后和母亲一起居住时，顾伟除了担心岳母“孤苦伶仃”，其实他还抱有对“母亲”这个角色的期待。但在和岳母相处的过程中，他得到的却是讽刺、挖苦和嘲笑，这也是他和岳母发生冲突的主要原因。

强势的岳母已经让顾伟力不从心，然而，他还需要面对一个心理上还没有长大的妻子。作为名副其实的“妈宝女”，高欢显然无法帮助顾伟妥善处理他与自己母亲的关系。因为父母早早离异，高欢自幼与母亲相依为命，对母亲有着高度的依赖。幼年的经历告诉她，父亲可有可无，但母亲是必不可少的。长大后，高欢仍然不懂得和母亲“分离”，以至于在结婚时也没有考虑好母亲的安置。虽然婚后和母亲同住也未尝不可，但当丈夫与母亲发生矛盾时，她却不由分说地帮助母亲指责丈夫，甚至让丈夫向母亲道歉。高欢由于自己情感上的“幼稚”和“不成熟”，导致自己任由母亲的“情绪勒索”，甚至还在母亲亲手为她写的离婚起诉书上签了名。

“情绪勒索”是由美国资深心理治疗师苏珊·佛沃提出来的，它常见于人际关系中，尤其是最为亲密的父母、子女、夫妻关系。苏珊·佛沃认为，当我们感觉无法拒绝对方的要求，但又不是十分心甘情愿地去做，不去做又会觉得愧疚时，于是就不再拒绝，乖乖配合对方的要求。高欢就是习惯被母亲“情绪勒索”的人，这种人往往都想向“情绪勒索者”证明：我不想成为那个让你失望的人。所以，高欢才会一而再、再而三地顺从母亲。可是，当两代人生活在一起，夫妻关系也加入到高欢的生活中时，由于没有父母的亲密关系作为榜样，她只能在自己和丈夫相处的过程中去发展自己的沟通力、修复力。可是，从高欢与顾伟夫妻关系每况愈下的境地来看，高欢缺乏在情感中处理冲突的能力和自我成长的能力。

顾伟不懂得拒绝，一味地忍让；而高欢又不会处理感情冲突，所以他们的婚姻就显现出了“苹果皮”式的和谐——看上去很和谐，但内核已经腐烂。如果顾伟一开始就坚持先经营好自己的小家庭，再想办法照顾好岳母；如果高欢理解丈夫的不易，一开始就在丈夫与母亲之间协调的话，就不至于导致矛盾彻底激化，他们应该会有一个幸福的家庭，过着其乐融融的生活。

婚姻是一个过程，而不是一个结果。要走好婚姻的每一步路，就需要男女双方在遇到问题时进行良好的沟通、合作以及果断的抉择，否则最后只能因为这样或者那样的原因匆匆逃离。

法律链接

《中华人民共和国婚姻法》

第四条　夫妻应当互相忠实，互相尊重；家庭成员间应当敬老爱幼，互相帮助，维护平等、和睦、文明的婚姻家庭关系。

第三十六条　父母与子女间的关系，不因父母离婚而消除。离婚后，子女无论由父或母直接抚养，仍是父母双方的子女。

离婚后，父母对于子女仍有抚养和教育的权利和义务。

离婚后，哺乳期内的子女，以随哺乳的母亲抚养为原则。哺乳期后的子女，如双方因抚养问题发生争执不能达成协议时，由人民法院根据子女的权益和双方的具体情况判决。

《最高人民法院关于人民法院审理离婚案件处理子女抚养问题的若干具体意见》

1. 两周岁以下的子女，一般随母方生活。母方有下列情形之一的，可随父方生活：

(1) 患有久治不愈的传染性疾病或其他严重疾病，子女不宜与其共同生活的；

(2) 有抚养条件不尽抚养义务，而父方要求子女随其生活的；

(3) 因其他原因，子女确无法随母方生活的。

2

妻子任性属“作女”，丈夫难忍终离弃

法律故事

“王城（化名），做我男朋友吧。”情人节，宋晨（化名）请王城吃饭，吃到一半时突然向他表白。一向害羞的王城脸红了，没有作声。

“那你就是同意了！”宋晨开心地和王城碰杯。她已经暗恋王城很久了，干了杯里的酒，两人便是情侣关系了。

王城和宋晨很快就结婚了。王城是一个彻头彻尾的IT理工男，性格腼腆，为人忠厚老实，当初宋晨也是被他的这个优点所吸引。宋晨的父母早年离异，她跟着脾气暴躁的父亲生活，从小经常受到父亲的批评、指责，所以她的脾气也有些暴躁，与亲属和同学的关系都不太好。宋晨在恋爱的时候经常欺负王城，王城觉得自己应该多包容，所以处处忍让。但是结婚以后，两人的矛盾越发尖锐。

婚后，他们和王城的父母一起居住，宋晨经常因为一点小事儿就和王城吵架，王城考虑到父母在家，不愿意和她计较。但是宋晨丝毫不顾及王城的父母，经常对着王城和公婆指手画脚，破口大骂。王城不想和她对骂，坐在沙发里抽着烟闷不作声，宋晨便冲他砸东西。家里的花瓶、水杯、手机没有她不砸的。砸完以后，王城的母亲默默地收拾残局，为了儿子，再大的委屈她也能忍。有时候，王城看着辛酸的母亲，特别恨自己，想为母亲做点什么。

王城母亲的牙不好，王城发了工资以后，给了母亲3000元让她去镶牙，还劝母亲不要和宋晨一般见识。王母叹口气说：“当妈的就是希望你们好，我受点委屈没什么。”正说着，宋晨推门进来了。看到茶几上的3000元钱，瞬间变了脸色，质问王城：“这钱是怎么回事？”王城淡定地回应：“咱妈的牙不行了，我寻思让她去镶个牙。”宋晨一听，更生气了：“这么大岁数了还镶什么牙，这么多钱，你都不用跟我商量一下吗？”王城没想到宋晨会如此不讲理，就反驳了几句：“宋晨，你买一个包花好几千跟我商量过吗？妈每天伺候我们吃喝拉撒，我用自己的钱给妈镶个牙怎么就不行了？”“王城我告诉你，这事儿就是不行，没商量！”说完一把把茶几上的钱拽了过来，伸手又要摔东西。王城不再妥协，一把抓住宋晨抬起来准备砸东西的手，说：“咱俩在一起这么多年，我没干过什么对不起你的事儿吧，不管你怎么无理取闹，我和爸妈都这么忍让你，你不要得寸进尺！”“王城你敢冲我吼？”“我不敢冲你吼，惹不起我还躲不起吗？咱俩离婚吧。”听到离婚这个词，宋晨慌了，虽然她吵过、闹过，但是从来没想过离开王城。但是王城已经下定决心，一定要和宋晨离婚。

王城一纸诉状将宋晨告至法院，开庭时，宋晨向王城道歉，可怜地请求法官不要判决离婚，并表示自己和王城确实有矛盾，都是自己不好，一定会改过。法官考虑到宋晨不想离婚，判决不准予离婚，王城和宋晨又重新回到一起生活。

起初的几天，宋晨对王城和公婆的态度确实有所好转。但是好景不长，她又回到了之前的状态。宋晨和王城的关系并没有因第一次诉讼而缓和，反而进一步恶化了，两人又一次分居。六个月后，王城又向法院起诉离婚，宋晨见王城坚持离婚，对这段感情也不再抱有期待，于是也表示同意离婚，法院据此判决双方离婚。

律师说法

我国《婚姻法》第四条规定：“夫妻应当互相忠实，互相尊重；家庭成员间应当敬老爱幼，互相帮助，维护平等、和睦、文明的婚姻家庭关系。”在婚姻生活中，夫妻之间应该互相尊重，家庭成员之间应该互相帮助。夫妻双方应当尊重对方的父母，不能口出恶言，更不能打骂虐待。在本案中，宋晨经常对丈夫及公婆指手画脚、破口大骂、发脾气、摔东西，不仅违背道德，也不符合法律的要求。

不仅如此，宋晨的行为也已经构成了家庭暴力。根据我国《反家庭暴力法》第二条的规定，家庭暴力是指家庭成员之间以殴打、捆绑、残害、限制人身自由以及经常性谩骂、恐吓等方式实施的身体、精神等侵害行为。在本案中，宋晨经常对丈夫及公婆进行谩骂的行为，符合家庭暴力的认定标准。

另外，宋晨阻止王城给婆婆钱去镶牙的行为也是错误的。我国《婚姻法》第二十一条第一款规定："子女对父母有赡养扶助的义务。"对于赡养义务，我国《老年人权益保障法》第十三条、第十四条明确规定："老年人养老以居家为基础，家庭成员应当尊重、关心和照料老年人。赡养人应当履行对老年人经济上供养、生活上照料和精神上慰藉的义务，照顾老年人的特殊需要。赡养人是指老年人的子女以及其他依法负有赡养义务的人。赡养人的配偶应当协助赡养人履行赡养义务。"在本案中，王城对父母有赡养扶助的义务，在母亲患病时，王城提供医疗费让她去治疗的行为是在履行自己的法定义务。宋晨作为王城的妻子，应该予以协助，而不能进行阻止。

宋晨作为晚辈，应该尊重公公婆婆，但是她不仅对他们没有丝毫尊重，还经常破口大骂、指手画脚，宋晨的这些行为都是违背道德、违反法律规定的。也正是由于宋晨长时间的无理取闹，斤斤计较，最后导致她与王城的婚姻走向破裂。

夫妻的地位是平等的，双方应当互相尊重、互相爱护。对于各自的父母，均应该协助履行赡养义务，不得进行阻止。家庭关系的和谐离不开夫妻双方共同的努力，愿每一个家庭都能多一分理解、多一分呵护。

心理分析

网络上有句流行语，叫做"不作就不会死"，意思是，如果没事儿找事，结果就会很倒霉。这句话在现实生活中，也有一定的道理，如果一个人不胡搅蛮缠、惹是生非，可能就不会无端遭受不好的后果。当然，这句话用到案例中的宋晨身上，更是如此。

不作就不会死，实际上说的是性格决定命运。宋晨之所以一而再、再而三地"作怪"，跟她的性格有很大关系。而一个人性格的养成离不开生长的环境。宋晨父母早年离异，她随父亲共同生活，但父亲脾气暴躁，她从小就经常受到父亲的批评、指责，养成了暴躁脾气。宋晨幼年的经历，带给她的看似是无比强大的人格，实则却是像孩子一样的脆弱无力。这在心理学中属于一种"退形"。所谓退形，指的是人们在面对外界的指责、评判时，常常会退化到孩子的状态，用孩子的方式作出反应。得到爱的孩子，长大后大多数会充满爱；而受伤的孩子，长大后也很可能会伤人。宋晨自幼没有体会过母亲的温柔对待，也没有得到来自父亲的关爱，而是在一种批评、指责的氛围中长大，所以，她对别人，也往往是批评、指责，甚至还有更极端的语言和行为。

此外，宋晨的"作"，也是其年幼时没有被满足的欲望的发泄，是在寻找愤怒的出口。从恋爱到结婚，宋晨的暴躁行为没有丝毫改变，并且在王城的宽容下变本加厉，从一开始的欺负王城，到后来对着王城和公婆指手画脚、破口大骂、摔砸财物，都是一种发泄的表现。

而王城貌似丝毫没有"作"，却为何也落得无奈离婚的境地呢？这其实也与王城的性格分不开——他不懂得对人说"不"。王城虽然老实、宽容、善良，但他有些腼腆、害羞。在恋爱时，王城经常被宋晨欺负，但他没有表达自己内心的想法，而是以自己是男人，要多包容为由纵容了宋晨的"作"。婚后，当宋晨越"作"越勇时，王城又以父母在家为由，不愿意和她计较。如此的宽容和退让不可能让"作"惯了的宋晨收敛，因此，宋晨的"作"愈演愈烈。

从王城的身上，我们不难看出他具有"讨好型人格"特质。心理学中的"讨好型人格"，是指为了得到对方的喜欢，能够让对方满意，哪怕自己不喜欢、不愿意，也会无底线地退让、付出。具有"讨好型人格"特质的人，无论是在普通的人际交往中，还是在亲密的人际关系里，总是害怕冲突，害怕对方不高兴，所以尽可能地避免表达自己的真实情绪。

内向的王城，被宋晨表白后，很是珍惜这份感情，所以不断地讨好宋晨，最直接的表现就是，当两人发生冲突时，王城毫无例外地选择避免冲突，但这样没有原则的退让，并不会解决两个人之间的冲突，反而让冲突日益加剧。最后，王城除了离开，已经再无法退让，而他们的婚姻也只能宣告终结。

从王城和宋晨的故事中我们可以看出，如果想要拥有良好的亲密关系，我们应该温柔地对待对方，而不是随意地用情绪伤害或用“孩子气”的方式回应对方。而当感受到对方的不尊重、不理解时，我们要及时、坚决、勇敢地说“不”。只有这样，才能促进男女双方关系的良性发展。

法律链接

《中华人民共和国婚姻法》

第四条　夫妻应当互相忠实，互相尊重；家庭成员间应当敬老爱幼，互相帮助，维护平等、和睦、文明的婚姻家庭关系。

第十三条　夫妻在家庭中地位平等。

第二十一条　父母对子女有抚养教育的义务；子女对父母有赡养扶助的义务。

父母不履行抚养义务时，未成年的或不能独立生活的子女，有要求父母付给抚养费的权利。

子女不履行赡养义务时，无劳动能力的或生活困难的父母，有要求子女付给赡养费的权利。

禁止溺婴、弃婴和其他残害婴儿的行为。

《中华人民共和国反家庭暴力法》

第二条　本法所称家庭暴力，是指家庭成员之间以殴打、捆绑、残害、限制人身自由以及经常性谩骂、恐吓等方式实施的身体、精神等侵害行为。

《中华人民共和国老年人权益保障法》

第十三条　老年人养老以居家为基础，家庭成员应当尊重、关心和照料老年人。

第十四条　赡养人应当履行对老年人经济上供养、生活上照料和精神上慰藉的义务，照顾老年人的特殊需要。

赡养人是指老年人的子女以及其他依法负有赡养义务的人。

赡养人的配偶应当协助赡养人履行赡养义务。

第十五条 赡养人应当使患病的老年人及时得到治疗和护理；对经济困难的老年人，应当提供医疗费用。

对生活不能自理的老年人，赡养人应当承担照料责任；不能亲自照料的，可以按照老年人的意愿委托他人或者养老机构等照料。

3

婆媳关系难缓解，矛盾升级险离婚

法律故事

“我就喜欢这种大学教授，才高八斗，一身正气。”孙颖（化名）又在和闺蜜瑶瑶（化名）犯花痴了。毕业几年了，孙颖一直没有遇到合适的男朋友，每天和瑶瑶在一起对着电视看帅哥。“对了颖颖，我还真认识一个大学老师，一身正气的那种，我给你介绍一下呗。”“好啊，介绍介绍。”在瑶瑶的介绍下，孙颖和赵宏刚（化名）恋爱了。

赵宏刚是名大学老师，教哲学和历史，知书达理，虽然比孙颖大几岁，但是孙颖喜欢的类型。赵宏刚喜欢孙颖的天真可爱，觉得和她在一起很有乐趣。两人恋爱以后，孙颖觉得非常甜蜜。没多久，赵宏刚就向孙颖求婚了，他的求婚完全谈不上浪漫，但沉浸在幸福里的孙颖一下就答应了，然后抱住了赵宏刚，就好像抱住了自己一辈子的幸福。

赵宏刚和孙颖结婚以后，一如从前，不会浪漫。而孙颖看着别人的男朋友、老公的浪漫举动，也开始期待浪漫和惊喜。恋爱纪念日要到了，孙颖提醒赵宏刚：“马上就到咱们的恋爱纪念日了，你准备怎么过啊？”赵宏刚一脸无所谓地回应：“恋爱纪念日有什么可过的？”孙颖对赵宏刚的态度十分不满，在恋爱纪念日那天故意玩失踪，结果赵宏刚忙于在学校做课题，完全没有注意到她的失踪。

就在孙颖和赵宏刚的矛盾刚萌芽的时候，赵宏刚将自己的母亲从老家接了过来。孙颖很尊重婆婆，想尽一切办法讨婆婆开心，但是因为地域和年龄原因，两人在生活习惯上有很大的不同，孙颖觉得自己做得很好了，却依然受到婆婆的指指点点。每次赵宏刚都向着母亲说话，指责孙颖，这让她心里很不舒服。

一年以后，孙颖生下一对龙凤胎，全家都很高兴。然而婆媳二人在照顾和培养孩子方面的分歧很大，比如婆婆在照顾孩子时，总是说“不干不净，吃了没病”。孙颖实在无法接受婆婆的观点，只能向赵宏刚抱怨：“你管不管，照妈这种观念，孩子早晚得出问题！”赵宏刚依旧偏袒母亲：“我妈也不能去害孩子啊，你就别那么多事了。”孙颖见老公指望不上，只能自己和婆婆对着来，遇到分歧的时候就直接批评婆婆。婆婆也不甘示弱，经常责骂孙颖，婆媳矛盾不断升级。

“孙颖，你怎么能这样跟妈说话？”赵宏刚不管自己母亲是对是错，从来都是指责孙颖，一来二去，婆媳矛盾又延伸出了夫妻矛盾。孙颖得了抑郁症，她在这个家再也待不下去了，于是偷偷带着两个孩子离开了家，去了一个赵宏刚找不到的地方，想清静一下。

孙颖向瑶瑶诉说了自己的不易，在瑶瑶的帮助下，孙颖找到了律师，咨询离婚事宜。“我们家要是有我婆婆在，就消停不了，要么离婚，要么让我婆婆回老家！”律师耐心开导了孙颖。孙颖让瑶瑶找赵宏刚谈谈。瑶瑶把孙颖的辛苦和不容易一股脑儿地向赵宏刚诉说了，赵宏刚前思后想，决定劝母亲回老家。赵宏刚的母亲是一个湖南的辣妹子，自从老公意外身亡后与儿子相依为命，虽然舍不得与儿子分开，但为了儿子的婚姻完整、家庭幸福，最终同意回老家跟女儿共同生活。

孙颖对赵宏刚还是有感情的，觉得和赵宏刚本身没有矛盾，矛盾点都在于婆婆。现在婆婆走了，自己还是愿意和赵宏刚继续生活。最后，孙颖带着孩子又重新回到了赵宏刚身边。

逢年过节，夫妻二人都会带着孩子们回湖南老家看望母亲，一家人尽享天伦之乐。

律师说法

本案涉及家庭关系的处理问题。家庭关系包括夫妻关系、父母子女关系、婆媳关系等，其中“婆媳”之间的矛盾是当今很多家庭面临的问题。在中国的传统文化中，“家和万事兴”“尊老爱幼”一直被提倡，直到今天，我们依然秉持这种观念。但是，“家和”需要每个家庭成员的付出。我国《婚姻法》第四条规定：“夫妻应当互相忠实，互相尊重；家庭成员间应当敬老爱幼，互相帮助，维护平等、和睦、文明的婚姻家庭关系。”在家庭关系中，夫妻之间需要互相尊重、互相理解，其他家庭成员之间也应该相互尊重、相互爱护，这样才有助于构建和谐稳定的家庭关系。在本案中，孙颖对婆婆非常尊重，一直尽力讨好她，但是，婆婆却并不尊重孙颖，一直对她指指点点，甚至有点瞧不起这个儿媳。孙颖婆婆处理家庭关系的方式，不仅会破坏婆媳二人之间的关系，更影响了孙颖与赵宏刚之间的夫妻关系。正是由于孙颖与婆婆之间存在不能调和的矛盾，才导致孙颖与丈夫之间的夫妻感情出现问题。

另外，赵宏刚在妻子与母亲出现矛盾时，不分是非地站在母亲一边的行为也是错误的。这也导致了婆媳矛盾的加剧，并且还产生了夫妻矛盾。家庭成员之间需要互相理解，互相帮助。在孙颖与母亲发生矛盾时，赵宏刚应该分清是非，对两人进行劝说，这样才能构建和睦的家庭关系。

同时，本案也涉及诉讼离婚的相关问题。根据我国现行《婚姻法》第三十二条的规定，人民法院审理离婚案件，首先应当进行调解；如感情确已破裂，调解无效，应准予离婚。有下列情形之一，调解无效时，法院才能准予当事人离婚：（1）重婚或有配偶者与他人同居的；（2）实施家庭暴力或虐待、遗弃家庭成员的；（3）有赌博、吸毒等恶习屡教不改的；（4）因感情不和分居满二年的；（5）其他导致夫妻感情破裂的情形。换言之，上述五种情形是法院在审理离婚诉讼案件时，判断夫妻之间感情是否破裂的主要标准。在本案中，孙颖与赵宏刚之间的感情有矛盾，但并未真正破裂，孙颖离家出走的根本原因是她与婆婆之间的矛盾无法解决，进而影响了夫妻间的感情。故即使孙颖选择诉讼离婚，如果赵宏刚不同意，因两人之间的感情没有破裂，法院也不会支持孙颖的离婚请求。

家庭关系处理得不好会严重影响夫妻之间的感情，尤其是“婆媳”矛盾，如果处理不当，可能会转化为“夫妻”矛盾，甚至会导致婚姻破裂。因此，婚姻家庭的任何一方都应注意妥善处理家庭关系，互相尊重、互相理解，以诚相待，尽量避免矛盾的激化。

心理分析

子女和母亲之间有着天然的纽带关系，当我们从母亲身体中分离出来时，医生会剪掉我们和母亲之间连接的“脐带”，但这只是人为地剪断了生理上的“脐带”，我们对母亲心理上的“期待”是无法割舍的，即使我们长大成人，也可能因为成长背景而与母亲更加难舍难分。如果直到结婚组建新家庭时，我们还没有学会处理这种关系，那就可能会使新家庭与母亲之间产生矛盾。本案中的赵宏刚刚结婚时就是这样的心理状态，由于长期相依为命，他与母亲之间有着无法割舍的牵绊，母亲对他也有着无限的依赖。当赵宏刚遇到家庭关系中最难处理的婆媳关系时，就像一个不知所措的小男孩，无法适应儿子和丈夫角色的转换，不会调和婆媳矛盾。

我们可以说，赵宏刚不会处理婆媳关系是因为他的性格，虽然踏实、刻苦、靠谱，但情商不高。可是，造成赵宏刚这种性格的除了其自身的个性因素外，还缘于他有一个性格泼辣的妈妈，因为独自抚养儿子，赵妈妈一直雷厉风行，但由于他们的生活中长期只有儿子和母亲两种身份，赵妈妈潜意识中对儿子非常依恋，甚至可能会不自觉地把儿子视为自己的“丈夫”。所以，当赵宏刚有了丈夫的身份，对自己的妻子关心呵护时，赵妈妈就越来越没有安全感，想方设法去跟儿媳争夺“丈夫”，这才造成了婆媳矛盾不断升级。

面对婆媳矛盾，赵宏刚一开始是逃避，后来也是被动处理，这理应归咎于他的性格和成长环境，但症结还在于他还没有形成成熟的婚姻观。在婚前，我们当然最在意自己与父母之间的关系，而婚后，家庭出现了新成员，我们应该学会身份和角色的转换，把伴侣关系放在首位，这才是正确的婚姻观。只有在正确的婚姻观的指导下，不断沟通与调整，才能让伴侣关系和亲子关系都朝着健康的方向发展，促进家庭和谐以及自我成长。

而孙颖算是比较成熟、富有智慧的女性，从一开始就非常清楚自己喜欢什么类型的男人，想要过什么样的生活。所以，她对赵宏刚充满了爱和宽容，为了自己的家庭，即使不得不与难相处的婆婆住在一起，她还是尽力维系双方之间的关系。面对婆媳矛盾和家庭纠纷，她没有选择任性分手，也没有选择委曲求全，而是懂得寻求多方协助以及专业支持。一开始是主动寻求丈夫的支持，发现丈夫无法协调时，又主动寻求律师的帮助，后来又让闺蜜去和丈夫沟通，最终顺利地解决了婆媳矛盾，一家人其乐融融。孙颖之所以能够妥善处理这些问题，是因为她在冷静后，体会到了丈夫的被动和无助，也考虑到婆婆作为单亲母亲与丈夫之间的依恋是有原因的，更重要的是，她心疼两个孩子即将生活在单亲家庭里，可能会重复爸爸的命运。幸运的是，孙颖主动寻求和解，而赵宏刚也愿意把母亲送回湖南，修复家庭关系。

通过这个案件，我们不难发现，一旦伴侣之间发生矛盾，男性应该更感性一些，尽可能地理解女性的敏感和委屈，而女性也应该更理性一些，看到男性的被动和无助，这样才有机会和好，才能维系双方之间的情感。退一步海阔天空，只有双方都愿意放下执着，看到对方的不容易，才有更多的可能性。也只有双方互相扶持，才不会让自己和家人受伤害。

法律链接

《中华人民共和国婚姻法》

第四条　夫妻应当互相忠实，互相尊重；家庭成员间应当敬老爱幼，互相帮助，维护平等、和睦、文明的婚姻家庭关系。

第三十二条　男女一方要求离婚的，可由有关部门进行调解或直接向人民法院提出离婚诉讼。

人民法院审理离婚案件，应当进行调解；如感情确已破裂，调解无效，应准予离婚。

有下列情形之一，调解无效的，应准予离婚：

（一）重婚或有配偶者与他人同居的；

（二）实施家庭暴力或虐待、遗弃家庭成员的；

（三）有赌博、吸毒等恶习屡教不改的；

（四）因感情不和分居满二年的；

（五）其他导致夫妻感情破裂的情形。

一方被宣告失踪，另一方提出离婚诉讼的，应准予离婚。

独立女嫁妈宝男，矛盾不断终分离

法律故事

北京飞往广州的航班刚刚落地。何欣（化名）下了飞机就马不停蹄地奔向单位，沉迷于工作无法自拔，空中飞人做得不亦乐乎。何欣早已习惯了这种生活方式，从小追求个性、独立的她在工作上也十分上进。

“咚咚咚”，何欣的脚步声穿梭在办公室的各个角落，时不时地停下来回复一条微信，男朋友周扬（化名）早就开始催她一起共进晚餐了。周扬和何欣都是安徽人，同住在广州的一个小区，经朋友介绍认识并恋爱。周扬与何欣独立的性格不同，他从小是个乖孩子，每一步都在父母的安排下按部就班地进行。

恋爱半年以后，周扬向何欣求婚，即将30岁的何欣也想有个自己的小家，她觉得周扬虽然像个孩子一样，但是对自己还算不错，而且很听父母的话，是个孝顺的人，于是就答应了他，两人走进了婚姻的殿堂。他们结婚以后和周扬的父母一起生活，但时间越长，何欣就越质疑自己的选择。

每天，何欣耳边总是响起婆婆各种不满意的声音。周扬的母亲比较强势，全家人都必须听从她的指挥。何欣个性要强，难免会和婆婆产生分歧，每次何欣看到丈夫站在婆婆一边时，就十分气愤：“周扬，你怎么能这样呢？”而周扬的回答永远都是“我得听我妈的”。

更让何欣不能容忍的是，丈夫从小生活在母亲说一不二的家庭环境中，内心自卑、敏感，做事犹豫不决、优柔寡断，生活、工作无任何独立计划，行动能力极差。公公曾经因为受不了婆婆的强势而出轨，后来虽然回归了家庭，但在家里的位置也是无足轻重。可能是受到父亲曾经出轨这件事的影响，周扬的疑心很重，他怀疑何欣出轨，并在她上班时进行跟踪，在单位附近对她大吼大叫、动手动脚，让她很难堪。

一来二去，何欣彻底绝望了，两人的隔阂越来越深，但日子还是继续过着。一天，何欣发现自己怀孕了，为了孩子，她妥协了，只希望孩子将来能有个完整温暖的家。她兴奋地对周扬说："老公，我怀孕了！"没想到换来的却是周扬一句冷冰冰的"嗯"，完全不是她期待的回应。何欣怀孕期间，每次让周扬摸摸自己的肚子，周扬都敷衍地用手碰一下。对于丈夫的漠不关心，何欣感到寒心，经常自己偷偷地抹眼泪，绝望地看着自己的肚子，不断地说："宝宝，对不起。"

十个月后，何欣顺利生产，可是身体却出现了严重的问题，诸如穿鞋、上厕所等事情都需要人帮助，但周扬和婆婆依然不管不顾，还经常冷嘲热讽。何欣只好搬到娘家生活。

何欣看看孩子，又望着窗外，想起周扬和自己恋爱时的美好，泪如雨下。她决定无论如何也要把孩子好好地抚养成人，不管周扬怎么样，孩子是无辜的。

孩子两周岁的时候，何欣的身体恢复得差不多了，她对于周扬一家人早已经毫无留恋，只想尽快摆脱"妈宝"丈夫和冷酷的婆婆。于是，何欣走进了法院，起诉离婚，最终法院判决离婚。鉴于何欣强烈要求抚养孩子，考虑到实际情况，法官将孩子判给何欣抚养。

律师说法

我国《婚姻法》第四条明确规定："夫妻应当互相忠实，互相尊重；家庭成员间应当敬老爱幼，互相帮助，维护平等、和睦、文明的婚姻家庭关系。"同时，该法第十三条也明确规定，夫妻在家庭中的地位平等。据此可知，在婚姻生活中，双方要互相尊重各自所享有的权利，履行应当承担的义务。

在婚姻中，夫妻双方所享有的权利一般包括但不仅限于以下几类：（一）夫妻的人身自由权，即夫妻双方都有参加生产、工作、学习和社会活动的自由，一方不得随意对他方加以限制或干涉；（二）夫妻的婚姻住所决定权，即在登记结婚后，根据男女双方约定，女方可以成为男方家庭的成员，男方也可以成为女方家庭的成员，双方都有权决定在哪里生活；（三）夫妻的生育权，如夫妻双方都有决定是否生育以及在国家政策内生育的权利；（四）夫妻的日常家事代理权。所谓日常家事代理权，是指因日常家庭事务，夫或妻一方都可以以双方的名义处理与第三人的事务。如我国《最高人民法院关于适用〈中华人民共和国婚姻法〉若干问题的解释（一）》第十七条第一项规定："夫或妻在处理夫妻共同财产上的权利是平等的。因日常生活需要而处理夫妻共同财产的，任何一方均有权决定。"在本案中，周扬跟踪何欣至单位，在单位附近对何欣大吼大叫、推搡，在一定程度上干涉了何欣的人身自由权。

当然，夫妻间也存在一定的义务，如同居义务，即夫妻双方在结婚之后，应当共同生活的义务，但是有正当理由不能同居的除外；又如忠实义务，即指夫妻双方在婚后不得有婚外性行为，互负专一的性生活义务；还如相互扶助义务，指的是一方在患病、遭受困难时，另一方应当予以帮助的义务。在本案中，周扬对怀孕的妻子不管不问，甚至在妻子产后不能自理的情况下也不给予帮助，违背了法律所规定的夫妻间应该履行扶助义务的要求。

周扬作为何欣的丈夫，在婚姻生活中没有主见，对母亲言听计从，像一个没长大的孩子，他的种种不当行为最终导致两人的感情破裂。而何欣向法院起诉离婚后，法院也依法判决准予两人离婚。可以说，他们离婚的主要原因在于周扬没有"长大"，缺乏担当精神，没有处理好婚姻家庭关系，也没有履行好自己作为丈夫的义务。

婚姻是人生的学校，在这所学校里，当事人要学会尽快成长。夫妻双方在婚姻生活中应当尊重对方权利、积极履行自身相关的义务，充分信任与理解对方、帮助对方，这样才有利于维护家庭的和谐与幸福。

心理分析

在性格方面存在明显差异的男女双方步入婚姻的殿堂，可能会有两种结果，一种是双方实现性格上的优势互补，经营起美满的家庭；另一种是双方不断摩擦，矛盾加深并逐渐激化而导致婚姻破裂。何欣和周扬的结合就属于第二种情形。

何欣独立、有个性，是个典型的职场女性，有强势的一面。而周扬从小是个乖孩子，在父母的安排下按部就班地学习和工作，缺乏主见。在我们看来，独立、有个性的何欣不会选择与周扬共度一生，但是快30岁的何欣想要有个自己的小家，而周扬虽然像个孩子一样，但是对她很不错，而且很听父母的话，非常孝顺，于是何欣在与周扬恋爱半年后，便嫁给了他。何欣做出这一选择，无异于拿自己的婚姻幸福做赌注。孝顺父母是中华民族的优良传统，我们应当继承这样的优良品格。只是，一个人过于孝顺就会失去主见，只能一味地听妈妈的话，爱妈妈爱的人，做妈妈喜欢的事，反抗妈妈反抗的人和事，这种"愚孝"的人，不能左右自己的人生，只会在强势母亲的怀抱里，做一个永远长不大的孩子。"妈宝男"周扬无法理解"亲密关系大于亲子关系"这句话，所以，当妻子和母亲产生分歧时，周扬的回答永远都是"我得听我妈的"。周扬自己都没有长大，怎么能有办法和何欣一起携手共进退，迎接人生中的风风雨雨呢？

何欣在这场赌博中输了，于是她走进了法院，起诉离婚，争取到了孩子的抚养权。何欣赌输的原因一方面是因为她工作能力强，非常享受自己的工作，以至于在快30岁的时候，也没有在婚恋上花费多少时间和精力，不能在恋爱婚姻过程中充分地认识一个人。她觉得自己已超过适婚年龄，于是选择将就，早早地为婚姻埋下了不幸的伏笔。另一方面是因为周扬只懂得孝顺，却不知道还可以"孝"而不"顺"。有观点认为，婆媳关系的本质是三角关系，是两个女人争夺一个男人的战争。这个观点不一定正确，但它却为我们看待婆媳关系提供了一个视角：婆媳矛盾产生的原因在于家庭关系的序位不正确。周扬和何欣结婚后，本该成为家里的男主人、女主人。但因为周扬过于孝顺，让强势的母亲成了真正的主人。这种家庭关系的不平衡也成为他们两人婚姻破裂的导火索。

儿子结婚了，对于正常的家庭来说，母亲就应该退出了。但周扬的母亲并未退出，而是继续和儿媳争夺儿子的爱，即使儿媳怀孕了也没有停止这场战争。周扬母亲的这一行为与周扬父亲有着密不可分的联系。周扬的父亲曾经出轨，这是对周扬母亲的背叛，也是对整个家庭的背叛。他在婚姻中没有尽到丈夫的责任，也没有尽到父亲的责任。周扬母亲对此心里应该是有深深的愤怒和怨恨的。她为自己的愤怒和怨恨找到的出口就是培养一个对自己忠心耿耿的男人，而这个男人，就是她的儿子。所以即使儿子已经结婚，强势的母亲也并不打算从儿子的家庭中退出。

母亲的强势干预，让周扬对她无原则地顺从。从周扬疑心重，怀疑何欣出轨甚至跑到单位附近对她大吼大叫、动手动脚这些行为来看，他还缺乏对婚姻的信任感。所以，周扬还是一个在原生家庭中受过伤害还没有修复的“孩子”。当周扬懂得温柔而坚定地把母亲从身边推开，用语言和行动告诉母亲“儿子很爱您，但请不要再以爱的名义干涉我的生活”时，才是他真的长大的时候。

何欣的经历，告诉了所有的女性，选择结婚伴侣时，尽量不要选择“妈宝男”，因为他们可能无法为自己撑起婚后的一片天；要选择与那个已经长大了的、有担当、有责任感、有自己人生的男人携手走进婚姻的围城。否则，你以为找一个人嫁了，有了一个家，人生就完整了，却不知，遇人不淑会让你的人生充满艰辛和痛楚。

法律链接

《中华人民共和国婚姻法》

第四条　夫妻应当互相忠实，互相尊重；家庭成员间应当敬老爱幼，互相帮助，维护平等、和睦、文明的婚姻家庭关系。

第十三条　夫妻在家庭中地位平等。

第二十条　夫妻有互相扶养的义务。

一方不履行扶养义务时，需要扶养的一方，有要求对方付给扶养费的权利。

《最高人民法院关于适用〈中华人民共和国婚姻法〉若干问题的解释（一）》

第十七条　婚姻法第十七条关于“夫或妻对夫妻共同所有的财产，有平等的处理权”的规定，应当理解为：

（一）夫或妻在处理夫妻共同财产上的权利是平等的。因日常生活需要而处理夫妻共同财产的，任何一方均有权决定。

（二）夫或妻非因日常生活需要对夫妻共同财产做重要处理决定，夫妻双方应当平等协商，取得一致意见。他人有理由相信其为夫妻双方共同意思表示的，另一方不得以不同意或不知道为由对抗善意第三人。

第八章

人生需要“断、舍、离”

1 丈夫出轨又家暴，妻子起诉盼离婚

法律故事

“琳琳（化名），妈妈把我们单位的周伟（化名）介绍给你怎么样，我看这孩子挺好。”“周哥是挺好，会不会比我大太多啊，得大八九岁吧？”“年龄大点好啊，知道疼人，妈妈让你李阿姨给你打听打听啊……”就这样，琳琳在妈妈和李阿姨的帮助下，和周伟恋爱了。周伟第一次看到琳琳时，就被琳琳的气质和相貌所吸引，只不过因为琳琳妈妈是他的上级，他不好意思追求琳琳，现在好了，琳琳妈妈相中了自己，周伟觉得这简直就是自己上辈子修来的福分。生长在单亲家庭的琳琳从小缺失父爱，为人处世对母亲都是言听计从，是长辈眼里的“乖乖女”。

周伟因为比琳琳大九岁，所以在恋爱后对她关怀备至。琳琳从小就特别渴望父爱般的关怀，所以她很享受并沉醉在周伟爱的世界里。不久两人结婚，琳琳也很快怀孕了。琳琳怀孕期间，周伟经常加班，夜不归宿，她经常向妈妈抱怨“在周伟眼里，工作比家庭重要”“周伟就是不够爱我”，等等。琳琳妈妈每次都开导她“周伟工作忙点是好事，男人不就应该有事业心嘛，况且现在周伟正处于事业上升期，不能影响他”。妈妈的劝说，让琳琳放下了原有的怀疑，同时也失去了自我判断的能力。很快，孩子出生了。

孩子出生以后，正赶上琳琳妈妈退休，于是她专心在家伺候女儿和外孙。而周伟加班却越来越频繁，甚至周末都不回家。琳琳感觉不对劲，并在洗衣服时发现了蛛丝马迹，她生气地质问周伟：“你整天不回家是什么意思？加班是吧？加班能有一身的香水味？能有女人的口红印？还能有小姐的名片？”琳琳说着就把周伟衣服口袋里的几张性工作者的名片砸到了他的脸上。周伟看到琳琳掌握了证据，没法狡辩便恼羞成怒：“就是你想的那样，怎么了，不行吗？”“行啊，有能耐你跟小姐过日子去，永远别回来！”琳琳说着就把周伟的东西往门口扔，周伟担心琳琳把事情闹大，只能向她认错：“对不起，老婆，我错了，是他们带我一起的，我再也不敢了，你别把这事儿捅到单位去行吗？”琳琳一时心软，又想想孩子，便原谅了他，并告诫他好自为之。

琳琳本来以为周伟会有所收敛，但是他丝毫没有悔改的意思，每周末照样不回家，对她和孩子不闻不问，琳琳多说一句，周伟就和她大吵，很多次都很嚣张地说：“你妈退休了，已经不是我的领导了，我就骂你了，你们能把我怎样？”琳琳努力地想要挽回周伟，哪怕是自己妥协一点，但都无济于事，直到后来周伟跟琳琳说：“我就嫖娼了，老子有钱，爱跟谁玩跟谁玩，你一个越来越老的黄脸婆还想跟那些年轻的妞儿比吗？”这番话让琳琳无法接受，一巴掌甩在了周伟的脸上，手打得很痛，她也清醒了。琳琳开始明白，现在的周伟已经不爱自己了，孩子和家庭都不能将他挽回，为了不让自己和孩子继续痛苦下去，琳琳决定和周伟离婚。

周伟自幼家贫，父母因为生计，忽略了对他的关爱。在读书时期被人欺负，周伟发誓一定要发愤图强，出人头地，强烈的功利心让他非常上进、拼命，一步步靠自己的努力走上了领导岗位，成长的经历让他的报复心、防范心和控制欲都非常强烈。

自从自己嫖娼的肮脏秘密被琳琳发现后，周伟心中一直不安，现在琳琳又提出离婚，他怕离婚后事情败露，于是威胁琳琳说：“你如果敢把我的事让你妈或者别人知道，我黑道白道都有人，找人断你手脚、挖你眼睛、让你毁容很容易，反正几万块就能搞定。”更让人没想到的是，周伟为了逼琳琳退让，竟然多次通过对儿子和岳母实施暴力来威胁她，琳琳有些害怕了，周伟是孩子的亲爸啊，他怎么能下得去手打儿子……于是不敢再和周伟提离婚的事。

但是时间久了，琳琳发现只要周伟在，孩子都特别害怕，不愿回家，到家以后也拒绝和爸爸说话，生怕哪句话说的不对就被打。琳琳担心这样下去，孩子的心理会出现问题，便鼓起勇气向法院起诉离婚。鉴于周伟长期出轨，恐吓妻子，对儿子和岳母实施家暴，法院最终判决离婚，孩子由琳琳抚养。

律师说法

本案涉及夫妻之间的忠实义务。我国《婚姻法》第四条明确规定：“夫妻应当互相忠实，互相尊重……”即夫妻之间应当互相忠诚，不得有婚外性行为。在本案中，周伟在结婚之后，有多次婚外性行为，违背了夫妻之间关于性的忠实义务。

本案中还涉及家庭暴力问题。我国《婚姻法》第三条第二款明确规定，禁止家庭暴力。而关于家庭暴力的认定，主要包括两个方面：（一）家庭暴力的施暴主体必须是家庭成员或者共同生活的人，如夫妻之间、父母子女之间、兄弟姐妹之间、非婚同居者之间等；（二）家庭暴力的施暴方式不仅包括殴打、捆绑、残害、限制人身自由等身体暴力行为，也包括精神暴力，如恐吓、谩骂等。在本案中，周伟恐吓琳琳，如果他在外嫖娼被单位知道，就对琳琳实施暴力行为。并且，周伟还多次对孩子和岳母实施暴力行为。可以说，周伟的行为已经构成了家庭暴力。

虽然依据《反家庭暴力法》，家庭暴力范围相对很广，但是在现实中认定婚姻中存在家庭暴力实属不易，很多离婚案件中的当事人都主张存在家庭暴力，被实际认定的却少之又少，大部分原因在于当事人自身。当事人起诉到法院请求离婚并主张遭受了家庭暴力，但很多当事人缺乏证据意识，法律意识和自我保护能力较弱，无法提供有效的证据，而法官又对于家庭暴力有严格的认定标准，有瑕疵和不充分的证据一般不会采纳，导致无法认定存在家庭暴力。

在周伟对琳琳进行恐吓之后，琳琳选择退缩的行为是错误的。此时，琳琳可以向法院申请人身安全保护令。根据我国《反家庭暴力法》第二十七条的规定，在符合下列条件时，法院便会作出人身安全保护令：（一）有明确的被申请人；（二）有具体的请求；（三）有遭受家庭暴力或者面临家庭暴力现实危险的情形。同时，琳琳也可以采取向公安机关报警等措施来防止周伟继续

伤害自己和家人。

家庭暴力不仅停留在肉体受摧残的层面上，还涉及精神伤害，如恐吓、谩骂。对于家庭暴力，受害者是不能容忍的，一味容忍的后果只会让施暴者变本加厉。在遭遇家庭暴力时，大家要及时采取相应的措施来保护自己，以免再次受到伤害，还要尽可能保留充分的证据，通过法律手段维护自己的权益。

心理分析

孩子的降临能够唤醒父母爱的本能，可有时父母所谓的“爱”，其实也藏着对孩子的伤害。琳琳的父亲给予了她生命，却没有给她提供一个完整的家，使得她从小就生长在父爱缺失的环境中。周伟因为自幼家贫，父母给予的关爱都很少，基本上无法满足他孩童时的物质需求和心理需求。他们两个人都缺少爱，组建家庭后又没能及时修复，反而将这种缺失转移到孩子身上，势必会对孩子的内心产生不良影响。

琳琳为人处世都对母亲言听计从，导致她缺乏自主判断的能力。作为一个“乖乖女”，在母亲为她介绍对象时，她没有自己去了解，而是单纯听从母亲的安排。面对比自己大九岁的周伟，琳琳从小一直渴望获得的“父爱”需求爆棚，周伟让她有了一种满足感，也让她丧失了对这段婚姻的真实感受与自己本应有的判断能力。在这双重的影响下，琳琳对于如此不幸的婚姻，都能一忍再忍。一开始，琳琳听从母亲的话，相信周伟是在为工作忙碌。可当发现真相时，琳琳又因为孩子已经出生，不能没有爸爸而一时心软原谅了周伟。直到周伟对自己的亲生儿子下手，琳琳才幡然悔悟：没有爱的滋养、只有惶恐不安的家庭环境，无法给自己带来幸福生活，也没有办法给孩子提供一个健康的成长环境。这一刻，琳琳不再害怕，不再恐惧，鼓足勇气向法院起诉离婚，她宁可独自养育孩子，也要给他营造一个良好的成长环境。此时的周伟，应该只剩下懊悔了。

事实上，周伟之所以会如此对待琳琳和儿子，与他的成长经历密不可分。周伟自幼家贫，父母因为生计忽略了对他的关爱。成长的过程中，也没有什么人能够帮助他。面对自己老领导的保媒，周伟的功利心开始作怪，琳琳的气质和相貌都不错，又是自己上级的女儿，答应了这桩婚事对于自己来说是赚了。这段婚姻是周伟不断权衡利弊的结果，缺乏纯粹的情感，自然也就决定了他不会全心全意地对待琳琳，这份婚姻也不会长久。

除却功利心，周伟还非常自私，没有家庭责任感。否则，他就不会在妻子怀孕后经常借口加班、夜不归宿，更不可能去嫖娼。实际上周伟的价值观是有悖伦理的。受原生家庭的影响，周伟的内心更多的是匮乏、自卑，甚至有很多恐惧和不安全感，他需要透过外在的光鲜和刺激来获得满足。而当琳琳发现真相时，周伟又充满了攻击性，他不但没有真心悔改，反而威胁、恐吓琳琳，甚至残忍地对自己的亲生儿子施暴。这一切都是因为周伟意识到自己被他人侵犯了，所谓的安全感丧失了。弗洛伊德曾说，攻击性是人的本能。当我们意识到被侵犯后，自然而然地便会“以牙还牙、以眼还眼”，去攻击对方。我们无法去操控这种本能的反应，就像敲击膝盖上的环跳穴，脚会自然向前踢去一样。另外，周伟“攻击”琳琳，不仅仅是想要维护自己的尊严与利益，还有着另一层的深意，即你们不要以为我好欺负，“你妈已经退休了，老子有钱，爱咋样就咋样”。他所呈现出来的言行举止，正是在原生家庭中没有得到满足的内心需要的外在表现。

童年的创伤需要被疗愈，否则，对一个人的成长将会产生不可逆转的危害结果。琳琳已经受过伤害，她的婚姻生活也将对她的孩子产生影响。庆幸的是，琳琳已经开始成长，并且学会了及时止损，她与儿子将开始新的征程。

法律链接

《中华人民共和国婚姻法》

第三条 禁止包办、买卖婚姻和其他干涉婚姻自由的行为。禁止借婚姻索取财物。

禁止重婚。禁止有配偶者与他人同居。禁止家庭暴力。禁止家庭成员间的虐待和遗弃。

第四条 夫妻应当互相忠实，互相尊重；家庭成员间应当敬老爱幼，互相帮助，维护平等、和睦、文明的婚姻家庭关系。

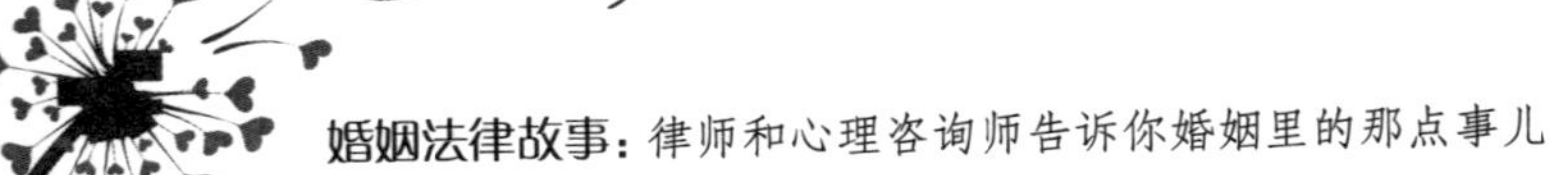

《中华人民共和国反家庭暴力法》

第二十七条 作出人身安全保护令，应当具备下列条件：

（一）有明确的被申请人；

（二）有具体的请求；

（三）有遭受家庭暴力或者面临家庭暴力现实危险的情形。

2

渣男抛妻又弃子，人情法理均难容

法律故事

风吹在脸上，虽然很温和，但是关燕（化名）却觉得是那样地刺骨。她这些年为了家庭的幸福不辞辛苦，从当年的如花似玉，到今天的面容憔悴，岁月已经在脸上留下了很多的印记。为了孩子，关燕苦苦维持已经支离破碎的家庭，但家还是散了，她尽力了……

2002 年，关燕与童鹏（化名）在小区的 QQ 聊天群中相识。关燕是广州市某中学的一名教师，大学本科毕业，家庭环境好，本人也形象好、气质佳。童鹏是一位工程老板，比关燕大两岁，家境贫寒，从小受到父亲的严格管教，立志成为一个有出息的人。两人相识后，童鹏被关燕的美貌所吸引，开始追求她，经常买花、送礼物，时不时地还策划一个惊喜，非常浪漫。在童鹏的不断追求下，关燕接受了他，两人确定了恋爱关系。在恋爱期间，童鹏对关燕百依百顺，关燕觉得他是一个值得自己托付终身的男人。2008 年 1 月，两人步入了婚姻的殿堂。

结婚后的生活让关燕始料未及，童鹏简直和恋爱时判若两人。童鹏在家里“衣来伸手、饭来张口”，一点家务也不干，对关燕也没有半点关怀。更过分的是，童鹏经常在下班之后约女同事打羽毛球，和女同事吃饭、暧昧。

2008 年 6 月，关燕生了一个男孩。孩子出生后，所有的重担都落在了关燕身上，她不但要上班，还经常一个人带着孩子打疫苗，到医院看病，陪着孩子上辅导班。童鹏从来都不关心孩子的成长，每天都是忙着工作、应酬、花天酒地。关燕一边工作，一边照顾孩子，不仅严重影响了工作和收入，身体健康也受到了极大的影响，她每天睡眠不足，体力透支，疲惫不堪，面容憔悴。童鹏多次提出让关燕辞职，全心全意照顾孩子，但是为了能够给孩子更好的生活，关燕依然坚持工作。

2010 年，童鹏出轨了，使得这个家庭面临着破碎的危机。2012 年，童鹏第二次同时和几个女人出轨。2015 年，童鹏在小区的聊天网上认识了郑小姐，第三次出轨。对于丈夫的多次出轨，关燕虽然心中剧痛，但都选择了默默忍受。然而，自从认识了郑小姐之后，童鹏坚持要与关燕离婚。为了孩子能够健康成长，关燕多次恳求童鹏，希望等到孩子上了初中之后再离婚。谁知，童鹏却冷言冷语道："你少和我来这一套，不就是个儿子吗？老子以后还可以再生，你这个有什么稀罕的。想以这个为借口不和我离婚，门儿都没有。"为了逼迫关燕与他离婚，童鹏开始虐待孩子，有时候是不理不睬的冷暴力，有时候只要孩子有一点儿不合他的心意，他就对孩子又打又骂，甚至将孩子的玩具直接从楼上扔下去。由于童鹏长时间对孩子实施打骂、冷暴力，导致孩子性格自卑，不愿和人交往。

为了给孩子一个完整的家，让孩子有一个健康的成长环境，关燕努力坚持着不离婚。后来，童鹏向法院起诉离婚，经过法院调解，童鹏撤诉了。半年之后，童鹏再次起诉离婚，关燕不同意，法院还是没有判决离婚。在此期间，童鹏搬出去与郑小姐居住，一直和关燕分居，也不支付孩子的抚养费。无奈之下，关燕以孩子的名义向法院起诉，要求童鹏支付孩子的抚养费。法院支持了她的请求。

又过了半年，童鹏第三次起诉离婚，虽然关燕仍然不同意，但是根据法律规定，法院认为双方夫妻感情确已破裂，判决离婚。同时，由于童鹏出轨，属于过错方，故判决将夫妻共同财产的 60% 分割给关燕。

对于这段婚姻，关燕一直在努力地维系，但最终还是结束了……

律师说法

本案涉及父母对子女的抚养教育问题。我国《婚姻法》第二十一条第一款明确规定："父母对子女有抚养教育的义务……"即父母要在物质上供养子女，在日常生活中照顾子女，同时，还应当在思想、品德上对其进行引导，为子女提供适当的教育，以促进他们的全面发展。对此，我国《未成年人保护法》第十一条也做了相应的规定：“父母或者其他监护人应当关注未成年人的生理、心理状况和行为习惯，以健康的思想、良好的品行和适当的方法教育和影响未成年人，引导未成年人进行有益身心健康的活动，预防和制止未成年人吸烟、酗酒、流浪、沉迷网络以及赌博、吸毒、卖淫等行为。”在本案中，童鹏从来都不关心孩子的成长，没有尽到父母对子女的抚养教育义务，可以说，他是一个不合格的父亲。

本案也涉及虐待家庭成员的问题。所谓虐待，是指行为人以打骂、禁闭、冻饿、有病不给治、强迫过度劳动或者以其他方式折磨、摧残家庭成员，给其造成身体上和精神上损害的行为。具体来说，构成虐待需要具备以下条件：（一）在主体上，虐待发生在互有权利义务的家庭成员之间；（二）在时间上，虐待行为要具有经常性、一贯性，即行为人实施了持续性的侵害，而并不是偶然的行为。对于虐待问题，我国《婚姻法》第四十三条规定受害人有权提出请求，居民委员会、村民委员会以及所在单位应当予以劝阻、调解，公安机关应当依照治安管理处罚的法律规定予以行政处罚。

在本案中，童鹏经常对孩子实施冷暴力、打骂孩子，导致孩子形成了自卑的性格，精神上受到了损害，这种行为已经构成了虐待。对于童鹏的虐待行为，关燕应立即向法院提起诉讼，保护自己和孩子的合法权益。虽然关燕是为孩子考虑而一直逃避、容忍，但她这样做是错误的，只能让自己和孩子不断遭受伤害。

本案还涉及配偶一方违背忠实义务而出轨的问题。我国《婚姻法》规定夫妻之间有互相忠实的义务，对于有配偶者与他人同居、重婚等行为是绝对禁止的。在本案中，童鹏在婚姻期间多次出轨，并与其他异性同居，严重违反了夫妻的忠实义务。根据《婚姻法》的规定，关燕可以直接主张离婚，并要求童鹏支付损害赔偿费用。然而，关燕为了给孩子一个完整的家庭，坚持不离婚。这种行为虽然保持了婚姻的外壳，但是对于双方和孩子而言都是痛苦的，也正是由于关燕的这种错误思想，导致孩子受到童鹏的虐待，性格受到很大的负面影响。

在婚姻中，每个人都有结婚自由，也有离婚自由。但是，婚姻期间必须严格忠实于对方，努力维护婚姻关系的稳定。夫妻感情如果不幸破裂，就要当断则断，否则，当断不断，必受其乱。忍辱负重、委曲求全的做法是不明智的，还可能会受到更多的伤害。

心理分析

张爱玲有句名言，叫做“喜欢一个人，会卑微到尘埃里，然后开出花来”。这句话的意思是，为了爱情，可以放低自己的身段，心甘情愿地让自己低到尘埃里，而自己还是会觉得很幸福。但这终究是一厢情愿，如果对方也真的爱你，怎么忍心让你为了他而卑微？在上面的案例中，关燕忍辱负重，艰难地维系着与童鹏的婚姻，不仅是因为孩子，潜意识里还有卑微的爱情。并且，这种爱情的力量在一定程度上给了她足够的勇气去面对“羞耻、侮辱、冷落”。

关燕爱得如此卑微、艰辛，缘于其内向、执拗、软弱和妥协的性格。同时，关燕也是单纯的，她形象好、气质佳、学历高、工作好，家境也不错，生活算是一帆风顺，初遇童鹏时被他的浪漫、温柔打动，爱上了他，坚信他值得托付终身。然而婚后，面对童鹏“衣来伸手、饭来张口”，一点家务也不干，对自己无半点关怀的态度和做法，关燕选择了默默忍受。

都说孩子是夫妻感情的纽带，可孩子出生后，关燕一边照顾孩子，一边工作，即使这种大包大揽的行为影响了自己的工作和收入，甚至极大地消耗了自己的身体健康，她都以“为了能够给孩子更好的生活”为出发点坚持工作，全然不顾丈夫多次提出让她辞职、全心全意照顾孩子的要求。表面上看，关燕似乎非常关爱丈夫，在替丈夫减轻负担，但实际上这些行为体现了关燕在家庭、事业方面不分轻重，不懂得站在丈夫的立场上根据家庭的实际情况考虑问题，只关注自己的工作和孩子，忽视了丈夫的存在。

被忽视的童鹏选择向他人寻求存在感有两方面的原因：一方面，童鹏有着非常强烈的“大男子主义”，否则，结婚成家后的他不可能“衣来伸手、饭来张口”，不关注妻儿；另一方面，原生家庭条件差、父亲的严格管教让童鹏立志成为一个有出息的人，成年后的童鹏自然觉得事业是第一位的，即使有了家庭仍然每天忙于工作、应酬。这样的童鹏面对心中只有工作和孩子、不关注自己的妻子，自然而然地会认为她不爱自己，于是出轨也就成了意料之中的事情。

当童鹏第一次出轨后，他以为这会引起关燕的重视，然而，关燕没有发声，依旧选择默默忍受。甚至童鹏第二次同时和几个女人出轨，关燕仍然选择了沉默。令人出奇愤怒和不解的是，当童鹏第三次出轨时，关燕还是毫无悬念地选择了忍受。童鹏开始主动要求离婚，而关燕依旧是以自己所谓的“讨好型”沟通模式与之相对，以“为了孩子能够健康成长”为由恳求丈夫，希望等孩子上了初中之后再离婚。

关燕对早已没有了爱的婚姻的坚持，本身就是对双方的不公平，而她又打着“给孩子一个完整的家，让孩子有一个健康的成长环境”的幌子来维持家庭，看似值得同情，但为了一个名存实亡的婚姻，闹得两败俱伤，本质上体现出的是关燕性格冲突的一面：既独立又缺乏安全感，内心深处对离婚的恐惧或者是面子之心在作祟。

如果此时的关燕能够为爱情或者说是婚姻做出一点改变，那么她与童鹏的结局还不至于如此。关燕的沉默激怒了童鹏，他从小在缺乏关爱、充满暴力的家庭中长大，太渴望得到他人的关爱，可自己的妻子只会关注孩子，童鹏内心醋意大发，于是将自己的经历投射并发泄到孩子身上，开始对孩子实施虐待行为——冷暴力、打骂，造成孩子出现性格自卑，不愿意和人交往、自我封闭的局面。

面对这样的婚姻生活和孩子的成长环境，关燕不但没有反思，反而仍然固执地坚持以“给孩子一个完整的家，让孩子有一个健康的成长环境”为由而拒绝离婚。童鹏一而再、再而三的婚内出轨固然可恶，他不关心孩子、对孩子施暴的做法固然可恨，但这与关燕性格偏执、依赖性强，潜意识害怕离婚是分不开的。

为了达到离婚的目的，童鹏选择了向法院起诉离婚，可关燕只知道不同意离婚，而没有做出任何改变。直到童鹏第三次起诉离婚，关燕仍不同意，但法院根据法律规定，认为夫妻双方感情确已破裂，判决离婚，关燕才在无奈之下“被离婚”和“被抛弃”。

该放手时就要放手。有时候，转身开启另一扇生活的窗，未必不会遇到更美丽的风景。

法律链接

《中华人民共和国婚姻法》

第二十一条 父母对子女有抚养教育的义务；子女对父母有赡养扶助的义务。

父母不履行抚养义务时，未成年的或不能独立生活的子女，有要求父母付给抚养费的权利。

子女不履行赡养义务时，无劳动能力的或生活困难的父母，有要求子女付给赡养费的权利。

禁止溺婴、弃婴和其他残害婴儿的行为。

第四十三条 实施家庭暴力或虐待家庭成员，受害人有权提出请求，居民委员会、村民委员会以及所在单位应当予以劝阻、调解。

对正在实施的家庭暴力，受害人有权提出请求，居民委员会、村民委员会应当予以劝阻；公安机关应当予以制止。

实施家庭暴力或虐待家庭成员，受害人提出请求的，公安机关应当依照治安管理处罚的法律规定予以行政处罚。

《中华人民共和国未成年人保护法》

第十一条 父母或者其他监护人应当关注未成年人的生理、心理状况和行为习惯，以健康的思想、良好的品行和适当的方法教育和影响未成年人，引导未成年人进行有益身心健康的活动，预防和制止未成年人吸烟、酗酒、流浪、沉迷网络以及赌博、吸毒、卖淫等行为。

3

婚内强迫家暴成瘾，不堪侮辱起诉离婚

法律故事

张梦（化名）没想到一时的心软会置自己于万劫不复，看着每天旧伤未愈又添新伤的自己，她想知道怎样才能不用再忍受胡成（化名）的强迫和暴力。

张梦和胡成在拼车时相识。胡成被张梦的美貌所吸引，向她索要了联系方式，接下来就是死缠烂打的追求。胡成是个“富二代”。他的父母开了一家公司，一直忙于公司的经营，几乎没有管过他的成长，他是由爷爷奶奶带大的。奶奶对他极度宠爱，可以用百依百顺来形容；爷爷却非常严格，但又没有什么方法，在胡成调皮、不听话时只会狠狠地揍他。长大后的胡成，因为经济无忧，再加上没有什么特长，所以没有去上班。认识张梦后，他除了待在家玩游戏，或者去公司逛荡一圈，剩下的时间就是追求张梦。张梦起初对胡成毫无感觉，但是胡成的糖衣炮弹实在让她招架不住，加上胡成自带大叔气质，让从小在重男轻女的家庭中长大、没有得到父亲多少关爱的张梦感受到了前所未有的宠爱，所以没过多久，张梦便投向了胡成的怀抱，两人恋爱不久就结婚了。

结婚以后，胡成一如既往地“啃老”。“胡成，你就不能去干点事儿吗？你天天在家待着，不是喝酒，就是睡觉、玩游戏，这也不是事啊！”张梦看不惯胡成的懒惰，经常向他抱怨。“我花我爸妈的钱关你屁事，我告诉你，我不仅会喝酒睡觉，我还会打人呢！你再多说一句试试！”刚喝过酒的胡成对张梦态度冷淡得可怕，张梦也非常生气，大喊“我说得不对吗？你……”啪！还没说完，胡成一巴掌抽在了她的脸上，张梦语塞，捂着自己挨打的脸哭着

跑了出去……

在和张梦结婚之前，胡成已经有过两段婚姻。第二段婚姻中还有一个孩子，这个孩子被判归胡成抚养。胡成与张梦结婚后，孩子跟随他们一起生活。胡成作为亲生父亲，对孩子不闻不问，对张梦更是说打就打，说骂就骂。胡成在半夜两三点钟，喝得醉醺醺地回家，到家就骂："张梦你给我滚出来！"张梦怕影响孩子休息，小心翼翼地对他说："你小点声行吗？孩子睡了。"胡成一把抓住张梦的头发狠狠地将她扔在沙发上，张梦正要起来，胡成就顺手拿起身边的花瓶砸向她。打累了以后，胡成就强行与张梦发生性行为，张梦拼命反抗，但都无济于事。

胡成的暴力让张梦感到害怕，她不想再和胡成同床共枕，也丝毫没有夫妻感觉了。但是只要胡成想和张梦一起睡觉，就一定会强行与她发生性关系。张梦一开始为了孩子而忍耐，终于有一天她忍不了了，觉得再这么下去，自己早晚会死在胡成手里。于是，她决定离婚，并偷偷搬离了家。

胡成发现张梦搬走以后，发疯了似的寻找她，电话、微信语音轮番轰炸。张梦白天手机关机，半夜打开手机查看微信，好几段视频跳了出来，她看见胡成发来的视频里正在用刀割、剐自己的手臂，已经有三四条四五厘米的大口子，胡成一边自残一边威胁："张梦你再不出现，我就拿刀子去玩玩你！"张梦害怕极了，她担心自己，更担心自己的家人。于是，她哭着给朋友打电话寻求帮助。

在朋友的帮助下，张梦平静下来，好好审视了自己这么多年是如何在恐惧中度过的，终于明白逃避不是办法，不管胡成怎么威胁，自己必须勇敢。于是，张梦申请到了人身安全保护令，并开始收集胡成对自己施暴的证据，之后，向法院起诉离婚。法院经审查认定胡成确实存在严重的家庭暴力行为，最终判决两人离婚。

律师说法

本案主要涉及家庭暴力问题。根据我国《反家庭暴力法》第二条的规定，本法所称家庭暴力，是指家庭成员之间以殴打、捆绑、残害、限制人身自由以及经常性谩骂、恐吓等方式实施的身体、精神等侵害行为。由此可知，家庭暴力的主体是特定的，即家庭成员或者共同生活的人。一般而言，家庭暴力的行为人和受害人之间的关系是夫妻、子女、兄弟姐妹、祖孙等。此外，该法第三十七条规定：“家庭成员以外共同生活的人之间实施的暴力行为，参照本法规定执行。”所以，对有同居关系、家庭雇佣关系等共同生活的人实施家庭暴力也适用《反家庭暴力法》的规定。在本案中，张梦与胡成是夫妻关系，胡成屡次殴打张梦的行为已经构成了家庭暴力。

关于发生家庭暴力的救济措施，我国《反家庭暴力法》第二十三条规定：“当事人因遭受家庭暴力或者面临家庭暴力的现实危险，可以向人民法院申请人身安全保护令，人民法院应当受理。”在本案中，张梦遭受胡成的家庭暴力后，向法院申请人身保护令的做法是符合法律规定的。此外，根据我国《反家庭暴力法》第二十四条、第二十五条、第二十七条的规定，申请人身安全保护令应当以书面方式提出；书面申请确有困难的，可以口头申请，由人民法院记入笔录。申请人应该向申请人或者被申请人居住地、家庭暴力发生地的基层人民法院提出申请。法院作出人身安全保护令，应当具备下列条件：（一）有明确的被申请人；（二）有具体的请求；（三）有遭受家庭暴力或者面临家庭暴力现实危险的情形。在本案中，张梦遭受了胡成的家庭暴力，在符合上述条件的情况下，法院作出了人身安全保护令的裁定。

关于实施家庭暴力应当承担的法律责任主要包括：（一）民事责任，受害人可以以受到家庭暴力为由提起离婚诉讼，诉讼中还可以请求离婚损害赔偿；（二）行政责任，根据我国《婚姻法》第四十三条第三款的规定，实施家庭暴力或虐待家庭成员，受害人提出请求的，公安机关应当依照治安管理处罚的法律规定予以行政处罚；（三）刑事责任，《婚姻法》第四十五条规定，实施家庭暴力构成犯罪的，应当依法承担刑事责任。

此外，关于在婚姻关系存续期间，丈夫强迫妻子发生性行为是否构成强奸罪的问题，法律界存在争议。在我国司法实践中，一般不承认婚内强奸，但如果强迫发生性行为时造成伤害后果，或有虐待等其他严重情形的，可按故意伤害罪、虐待罪处理。

在遭遇家庭暴力时，不能软弱妥协，必须及时运用法律武器来保护自己的合法权益，否则后患无穷。

心理分析

幸福的家庭都是相似的，不幸的家庭各有各的不幸。一个幸福的家庭最起码应该是：妈妈被宠爱，爸爸被尊重，孩子被接纳。在这种环境中长大的孩子，更容易在结婚后营造一个新的幸福之家。胡成的父母没有给予他一个幸福的家庭，他的爷爷奶奶也没能正确教导他，而张梦从小生活在重男轻女的家庭中，也没有获得幸福。他们长大后想要组建一个幸福的家庭，必须更加努力地修炼心灵。

胡成算是一个“留守儿童”。与真正的留守儿童不同的是，他是跟父母在一起生活的，但父母却没有养育和管教他，以至于他虽然生活在父母身边，却和真正的留守儿童一样对父母有着遥远的距离感。

在胡成父母没有时间管教他的情况下，如果陪伴他成长的爷爷奶奶能够尽责教育的话，胡成也不至于变成不折不扣的“家暴男”。不幸的是，胡成的爷爷奶奶虽有爱孩子的心，但却缺乏爱孩子的能力，他们没能让胡成养成好的品性。奶奶的极度宠爱和爷爷的频频施暴，让胡成既爱又怕，他享受奶奶的宠爱方式，却害怕爷爷的施暴行为。当暴力变成一种生活方式，被施暴的儿童慢慢就会产生一种偏激的心理，他会觉得是因为自己不够好，父母才常年在外忙工作不理他，爷爷才会打他，这时他潜意识里已经认同爷爷的施暴行为了。更为不幸的是，胡成的父母没有意识到问题的严重性，对胡成依旧不闻不问，而爷爷也依旧照打不误。慢慢地，在胡成的心中，父母是没有错的，是为了他好，爷爷的拳脚相向也只是因为他真的“做错了”。

幼年时和父母、祖辈的畸形互动已经深深压抑了胡成的各种情感，并且产生了负面的影响，致使长大后的胡成变成了更可怕的施暴者。胡成常常把他自己的怨气发泄到张梦身上，在张梦离开后，他又将这种攻击转向自己，通过自残伤害自己。

胡成无疑是病了，但张梦作为被施暴者，也有病症。都说缺爱的孩子，最容易受骗，张梦就是那个缺爱的孩子。父亲重男轻女，所以她从小没有得到过太多来自父亲的关爱和家庭的温暖。这也是她喜爱“大叔型”男人的原因。她觉得“大叔型”的男人心思细腻，会关心人、照顾人，正好可以安抚自己内心深处的脆弱和依赖。正是这样，张梦才无法抵挡胡成的“糖衣炮弹”，没有仔细地了解过胡成的成长环境和脾气性格，也没有认真考量胡成前两段婚姻失败的原因，就匆匆嫁给了他。讳疾忌医的结果就是付出代价，所以张梦会被婚内强奸，被屡次家暴，被威胁……唯一值得庆幸的是，张梦没有选择逃避，而是在朋友的帮助下，拿起了法律的武器来保护自己。

张梦已经觉醒了。希望她重获自由后可以先从爱自己开始，弥补自己在童年没有得到的爱和关注，寻找真正的幸福。而胡成，则必须接受长期的心理治疗，摒弃施暴者的心态，慢慢进行自我修复。

每个人都是上帝的一个苹果，如果痛了，是因为上帝偏爱的缘故。尽管在现实生活中，没有人喜欢这样的偏爱，但正是这种刻骨铭心的痛，才能坚定我们不断前行的信心。风雨过后，必将是彩虹。

法律链接

《中华人民共和国反家庭暴力法》

第二条　本法所称家庭暴力，是指家庭成员之间以殴打、捆绑、残害、限制人身自由以及经常性谩骂、恐吓等方式实施的身体、精神等侵害行为。

第二十三条　当事人因遭受家庭暴力或者面临家庭暴力的现实危险，向人民法院申请人身安全保护令的，人民法院应当受理。

当事人是无民事行为能力人、限制民事行为能力人，或者因受到强制、威吓等原因无法申请人身安全保护令的，其近亲属、公安机关、妇女联合会、居民委员会、村民委员会、救助管理机构可以代为申请。

第二十四条　申请人身安全保护令应当以书面方式提出；书面申请确有困难的，可以口头申请，由人民法院记入笔录。

第二十五条　人身安全保护令案件由申请人或者被申请人居住地、家庭暴力发生地的基层人民法院管辖。

第二十七条 作出人身安全保护令，应当具备下列条件：

（一）有明确的被申请人；

（二）有具体的请求；

（三）有遭受家庭暴力或者面临家庭暴力现实危险的情形。

第三十七条 家庭成员以外共同生活的人之间实施的暴力行为，参照本法规定执行。

《中华人民共和国婚姻法》

第四十三条 实施家庭暴力或虐待家庭成员，受害人有权提出请求，居民委员会、村民委员会以及所在单位应当予以劝阻、调解。

对正在实施的家庭暴力，受害人有权提出请求，居民委员会、村民委员会应当予以劝阻；公安机关应当予以制止。

实施家庭暴力或虐待家庭成员，受害人提出请求的，公安机关应当依照治安管理处罚的法律规定予以行政处罚。

第四十五条 对重婚的，对实施家庭暴力或虐待、遗弃家庭成员构成犯罪的，依法追究刑事责任。受害人可以依照刑事诉讼法的有关规定，向人民法院自诉；公安机关应当依法侦查，人民检察院应当依法提起公诉。

图书在版编目（CIP）数据

婚姻法律故事：律师和心理咨询师告诉你婚姻里的那点事儿 / 李实忠，李小非，梁敏娜著. —北京：中国法制出版社，2020. 2

ISBN 978 -7 -5216 -0857 -1

Ⅰ. ①婚… Ⅱ. ①李…②李…③梁… Ⅲ. ①婚姻法 -中国 -通俗读物②婚姻 -社会心理学 -通俗读物 Ⅳ. ①D923. 9 -49②C913. 1 -49

中国版本图书馆 CIP 数据核字（2020）第 024691 号

责任编辑：戴蕊（dora6322@ sina. com） 朱自文　　封面设计：周黎明

婚姻法律故事：律师和心理咨询师告诉你婚姻里的那点事儿

HUNYIN FALÜ GUSHI：LÜSHI HE XINLI ZIXUNSHI GAOSU NI HUNYIN LI DE NADIAN SHI ER

著者/李实忠　李小非　梁敏娜

经销/新华书店

印刷/三河市紫恒印装有限公司

开本/710 毫米 ×1000 毫米　16 开　　印张/12. 25　字数/118 千

版次/2020 年 4 月第 1 版　　2020 年 4 月第 1 次印刷

中国法制出版社出版

书号 ISBN 978 -7 -5216 -0857 -1　　定价：39. 80 元

北京西单横二条 2 号

邮政编码 100031　　传真：010 -66031119

网址：http：//www. zgfzs. com　　**编辑部电话：010 -66010406**

市场营销部电话：010 -66033393　　**邮购部电话：010 -66033288**

（如有印装质量问题，请与本社印务部联系调换。电话：010 -66032926）